LOADING...

ATUALIZE SEU PODER DE LIDERANÇA

CARO(A) LEITOR(A),
Queremos saber sua opinião sobre nossos livros.
Após a leitura, siga-nos no **linkedin.com/company/editora-gente**,
no TikTok **@editoragente** e no Instagram **@editoragente**,
e visite-nos no site **www.editoragente.com.br**.
Cadastre-se e contribua com sugestões, críticas ou elogios.

JÚLIO PEREIRA

LOADING... ATUALIZE SEU PODER DE LIDERANÇA

Assuma seu papel de impacto no mundo

Gente editora

Diretora
Rosely Boschini
Diretora Editorial
Joyce Moysés
Editora Pleno
Rafaella Carrilho
Assistente Editorial
Mariá Moritz Tomazoni
Produção Gráfica
Leandro Kulaif
Preparação
Luciana Figueiredo
Capa, Projeto Gráfico e Diagramação
Márcia Matos
Revisão
Marina Montrezol
Impressão
Edições Loyola

R. Dep. Lacerda Franco, 300 – Pinheiros
São Paulo, SP – CEP 05418-000
Telefone: (11) 3670-2500
Site: www.editoragente.com.br
E-mail: gente@editoragente.com.br

Dados Internacionais de Catalogação na Publicação (CIP)
Angélica Ilacqua CRB-8/7057

Pereira, Júlio
Loading... Atualize seu poder de liderança : assuma seu papel de impacto no mundo / Júlio Pereira. - São Paulo : Editora Gente, 2025.
160 p.

Bibliografia
ISBN 978-65-5544-640-1

1. Desenvolvimento profissional 2. Sucesso I. Título

25-3088 CDD 650.1

Índices para catálogo sistemático:
1. Desenvolvimento profissional

NOTA DA PUBLISHER

Vivemos uma era em que liderar não é apenas gerir equipes ou negócios, mas, principalmente, inspirar pessoas a darem o próximo passo rumo ao crescimento. O grande desafio é que, muitas vezes, mesmo líderes talentosos e empreendedores visionários sentem-se travados, presos a padrões mentais que impedem a verdadeira expansão. É exatamente essa barreira que *Loading... Atualize seu poder de liderança* se propõe a derrubar.

O tema é urgente e relevante. Em um mundo onde empresas fecham por esgotamento de seus líderes, e profissionais talentosos se perdem na rotina, aprender a "atualizar o próprio código mental" não é mais um luxo, mas uma necessidade. Esta obra fala diretamente com quem sente que já tentou de tudo e, mesmo assim, não conseguiu dar o salto que deseja. Então, se você busca uma liderança que impacte, motive e mova multidões, encontrará aqui as ferramentas para transformar seu mindset e, consequentemente, seus resultados.

Quando conheci Júlio Pereira, percebi imediatamente seu poder de ensinar as pessoas a viverem uma vida extraordinária. Com a rara habilidade de enxergar no outro o "diamante bruto" que ainda não brilhou, Júlio se dispõe a ajudar cada um a se lapidar por meio de consciência, coragem e ação. Sua própria história, marcada por superação e pela criação de métodos eficazes de reprogramação mental, me mostrou que este livro precisava existir.

Ao longo da leitura, você vai descobrir como identificar os bloqueios invisíveis que limitam seu crescimento; aprender a pensar, decidir e agir de forma diferente; e, principalmente, assumir o protagonismo da sua própria jornada de liderança. Fica, aqui, o convite para desbloquear seu potencial e atualizar o "sistema" que move sua vida e sua carreira.

Acredite: este livro vai despertar em você a versão mais potente do líder que já existe aí dentro, pronta para impactar o mundo. Permita-se essa atualização e descubra que o verdadeiro limite é apenas o próximo portal a ser atravessado.

ROSELY BOSCHINI
CEO e Publisher da Editora Gente

Aos líderes que não aceitam viver no
automático e vieram para impactar.

Aos empresários que escolheram
servir ao mundo com coragem.

Este livro sempre foi de vocês,
mesmo antes de ser escrito.

**O mundo precisa do
que vocês carregam.**

AGRADECIMENTOS

Este livro não foi escrito sozinho. Foi vivido, enfrentado e atra-vessado por muitas mãos, algumas visíveis, outras invisíveis, mas todas fundamentais.

Agradeço primeiro a Deus, que me ensinou que liderança não se trata de palco, mas de presença.

Não se trata de mais, mas de tornar mais, para si e para os outros.

À Mirian, minha esposa, minha base, minha verdade. Você não apenas acreditou em mim... Você teve coragem de me enxergar além do que eu enxergava, me salvou da versão que me sabotava e me impulsiona, com amor, para dentro da minha essência todos os dias. Nada disso existiria sem você.

Aos meus pais, que me formaram como homem e me entregaram muito mais do que o necessário para construir quem sou. Deles, recebi apoio, estrutura e a convicção de que posso vencer qualquer desafio.

A toda minha família, que está em cada palavra deste livro. Alguns de vocês me conhecem desde o meu primeiro desafio. Vocês me auxiliaram profundamente.

Quero falar especialmente aos meus sobrinhos e afilhados, que fazem parte da próxima geração de líderes deste mundo. Vocês me inspiram a seguir ensinando com ainda mais dedicação.

Aos meus mentores e mestres, que acenderam luzes quando eu precisava de direção. Vocês me ajudam a lembrar quem sou, mesmo nos dias em que eu esqueço.

A todos os membros da minha equipe, os de hoje e os de ontem, que mergulharam comigo nos projetos que impactam milhares de vidas. Obrigado por servirem com carinho e dedicação.

Aos líderes que caminharam ao meu lado: empresários, profissionais, parceiros e clientes. Vocês foram laboratório e inspiração. Suas dores, mudanças e silêncios me ajudaram a escrever algo que importa.

Aos participantes dos meus treinamentos, que confiam e mergulham fundo. Vocês me motivam a continuar provocando transformação, sem superficialidade.

Ao time da Editora Gente, por cuidar deste livro como obra e não como produto. Por cada revisão, ideia e provocação. Obrigado por fazerem este livro sair na hora certa. E por me desafiarem a transformar sensações em palavras.

Aos meus amigos de alma, que seguraram minha energia quando eu não conseguia segurar sozinho.

Vocês não são rede de apoio, vocês são parte do meu propósito.

E por fim, a você, leitor. Talvez eu não o conheça pelo nome. Mas escrevi cada linha imaginando o seu olhar encontrando aqui algo que fizesse sentido para sua história. Se isso acontecer, saiba: valeu cada travessia, cada página, cada silêncio entre as palavras.

Obrigado por me deixar entrar.

Nos vemos no próximo nível.

Júlio Pereira

SUMÁRIO

PREFÁCIO

Existem livros que informam. Outros que provocam. E há aque- les que, como este, atualizam não apenas ideias, mas consciências. Ao abrir estas páginas, você será conduzido por Júlio Pereira a uma jornada de reconexão com a verdadeira essência da liderança: aquela que começa dentro.

Antes de liderar pessoas, processos, projetos, metas, é preciso liderar a si. Com coragem. Com lucidez. Com humanidade. A ciência do comportamento tem mostrado, cada vez mais, que a base da liderança sustentável não está no carisma nem na rigidez. Está na autoliderança. Na capacidade de olhar para dentro e enxergar suas vulnerabilidades não como falhas, mas como pontos de contato com o outro. Como lugares onde a força nasce da verdade. E não da máscara.

O que este livro propõe é mais que uma atualização técnica. É uma atualização emocional, ética e relacional. Porque humanizar a liderança não é torná-la frágil. É torná-la mais eficaz. Mais respeitada. Mais duradoura.

A velha ideia de que um líder precisa gritar para ser ouvido, mandar para ser obedecido ou endurecer para ser eficiente, está, felizmente, se tornando obsoleta. Vivemos um tempo em que a gestão exige mais que resultados: exige respeito. Mais que comando: exige escuta. Mais que metas cumpridas: exige pessoas inteiras. E isso não significa baixar a régua. Significa não perder a dignidade ao tentar alcançá-la.

Este livro nos lembra que é possível, sim, cobrar com firmeza e acolher com empatia. Conduzir com propósito e dialogar com humildade. Transformar ambientes sem sufocar as pessoas.

Ao longo destas páginas, você será desafiado a repensar o que de fato sustenta a autoridade. Spoiler: não é o cargo. É o caráter.

Que esta leitura atualize você por dentro. Que faça você se lembrar de que liderar, no fundo, é um ato de humanidade.

E que o maior poder que alguém pode ter sobre o outro é o poder de inspirar.

ROSSANDRO KLINJEY

Psicólogo, escritor e palestrante especialista em educação e desenvolvimento humano

INTRODUÇÃO

VOCÊ TEM O PODER DE SER UM LÍDER QUE IMPACTA MULTIDÕES

Alguma coisa dentro de você já sabe que não dá mais para continuar como está. Não tem mais a ver com aguentar. Tem a ver com destravar.

Consciência, desbloqueio, pensar, decidir e agir diferente serão as nossas palavras de comando a partir de agora. Foram elas que me ajudaram a destravar uma parte da minha história, que contarei adiante. Para que entenda o conceito, quero que imagine uma cena específica do filme *Matrix*, lançado em 1999 e dirigido por Lana e Lilly Wachowski.

Na trama, temos Thomas Anderson, também conhecido como Neo e interpretado por Keanu Reeves, que é programador durante o dia e hacker durante a noite. Em um dia comum, ele é levado para um interrogatório misterioso com agentes que o ameaçam e inserem um "inseto eletrônico" em seu umbigo para que seja monitorado. Então, Neo conhece Morpheus e Trinity, e acaba descobrindo que tudo o que havia vivido até então era, na verdade, fruto de uma realidade diferente, a Matrix, simulação de computador criada por máquinas inteligentes que mantêm os humanos presos em cápsulas enquanto a sua energia é sugada e usada como fonte de alimentação.

Apesar de ser um filme antigo, tentarei não dar muitos spoilers, caso você não tenha assistido ainda. A cena que reflete perfeitamente o que quero representar com as palavras iniciais acontece quando Trinity precisa pilotar um helicóptero para resgatar Morpheus, que é mantido prisioneiro pelos agentes da Matrix. Porém, ela não tem essa habilidade, o que leva Tank, outro personagem da história e operador da nave Nabucodonosor – que transmite sinais piratas para dentro da Matrix e tem equipamentos nos quais os tripulantes podem sonhar e se projetar na realidade virtual das máquinas –, a fazer um upload instantâneo de um programa de pilotagem de helicóptero para o cérebro de Trinity. Em segundos, ela abre os olhos e nota que aprendeu essa nova habilidade para completar a missão. Ou seja, na cena temos um programa sendo instalado no cérebro para que se desenvolva uma nova função.

Em nossa vida, podemos fazer o mesmo. O nosso cérebro é como uma máquina que pode ser treinada e aprender funções novas a todos os momentos. Para isso, basta identificar em qual fase está: consciência, desbloqueio, pensar, decidir ou agir diferente. Depois disso, só é preciso gerar ação e incluir esse novo "programa" para que possamos desbloquear o que está travado. Esses serão os passos pelos quais passaremos e foi exatamente o que fiz na minha trajetória, porém talvez de modo muito mais empírico do que consciente. Agora quero explicar a você como aconteceu comigo, o que fiz que nos fez chegar até aqui.

PROGRAMAÇÃO DE MÁQUINAS E MENTES

Começo explicando que não serei o "cara" que vai escrever no livro ou subir em um palco para contar que passou fome ou veio de uma família extremamente pobre, porque não seria verdade. Meus pais não me criaram com luxo, mas o meu pai trabalhava na Embraer, fabricante e montadora de aviões em São José dos Campos, o que fez com que as principais necessidades que tínhamos fossem atendidas, já que o *core business* da empresa contava com o auxílio completo à família, com o fornecimento de material escolar, uniforme e muito mais. Isso, na época, nos ajudou muito.

O grande ponto de atenção da minha história, no entanto, vem do meu nascimento. Nasci prematuro, com apenas seis meses, e fiquei em uma incubadora por pouco mais de um mês. Enquanto os outros bebês saíam nos braços da mãe, eu estava envolto em fios, dentro de uma bolha de vidro, lutando pela vida. A cada noite, os médicos diziam aos meus pais: "Preparem-se, de hoje ele não passa". Mas eu passava. Essa luta silenciosa virou o código que me trouxe até aqui. E isso é muito forte para mim! Desde o primeiro minuto de vida, precisei lutar e correr atrás para que pudesse permanecer vivo. Isso sempre esteve em minha programação-base, sabendo que eu precisava fazer algo, resolver algo e lutar se quisesse continuar e evoluir. Mais novo ou mais velho, a cada dia eu precisei escolher dar um novo passo para fazer a vida acontecer.

Justamente por isso trago a primeira verdade incontestável sobre mim – e que permeará as próximas páginas: sou conhecido como aquele que ajuda as pessoas a darem o próximo passo. E vou ajudar você também. Escolher fazer isso ou não dependerá de você, mas estarei aqui para dar o caminho. Você será responsável pela ação, pela decisão e atitude, mas fará isso com clareza dos conceitos, contextos, histórias e ferramentas que veremos. Faço isso porque não há como "fornecer" força para as pessoas. Elas precisam ficar mais fortes dentro do processo para que façam por si mesmas o que precisa ser feito. Essa, portanto, é a primeira parte da minha história.

Avançando um pouco mais, essa luta diária pela vida fez com que eu aprendesse, mesmo que inconscientemente, que quanto mais permanecesse "quietinho" e deixasse que as pessoas – na época, os médicos e os meus pais – cuidassem de mim, maiores seriam as minhas chances de sobreviver. Com isso, aprendi a ser *tímido*.

Era tão tímido que, quando eu tinha 17 anos, a minha namorada (atual esposa), Mirian, precisou me pedir em namoro. Eu era guitarrista de uma banda e ficava na parte de trás do grupo, enquanto os outros músicos se posicionavam à minha frente. Eu não aparecia, mas fazia a minha parte. Era "travado", como se costuma dizer. Era tão tímido, que ouvi o pedido de namoro e não soube o que responder, então pedi um tempo para pensar. Apesar de gostar muito dela, tinha vergonha de dar o próximo passo, não sabia o que fazer, se deveria falar "sim", beijá-la ou abraçá-la. Diante da minha enorme timidez, ela precisou tomar a iniciativa do nosso primeiro beijo.

Você está acompanhando o meu nível de timidez?

Permaneci nesse ciclo até os 26 anos. Até esse momento, digo que vivi uma "vida de sobrevivência", como a que ouso afirmar que muitos empresários e líderes ainda vivem. Não estão livres; até querem construir algo diferente, mas não dá certo porque continuam nesse modo sobrevivência, igual a mim. No meu caso, os meus *pensamentos intrusivos* diziam que a vida era assim mesmo, que eu havia nascido para ser desse jeito e tinha que permanecer nesse ciclo. Então aceitava esse status, a minha condição atual e o que estava "destinado" a mim com tal mentalidade.

Apesar disso, eu era muito competente. Sou formado em Ciência da Computação, era gerente de Tecnologia da Informação (TI) de cinco empresas de um grupo de transportes e era bem-sucedido. Mais que um líder mediano, eu era um líder muito bom. Chegava antes do dono da empresa, estava dia e noite trabalhando para fazer o negócio crescer e hoje vejo que, já naquela época, eu era como um diamante bruto, precisando apenas de lapidação. Embora muito bons, esses resultados profissionais vieram "arrastados" por conta do meu perfil.

A grande virada aconteceu em 1998, quando descobri a Programação Neurolinguística (PNL), que é um dos assuntos sobre os quais falaremos ao longo do livro. A PNL, para mim, foi a luz que me trouxe à vida de verdade. Foi o que lapidou aquele diamante bruto. Eu me apaixonei por esse universo no primeiro treinamento que tive sobre o tema.

Lembro perfeitamente como esse pontapé inicial aconteceu: o ano era 1997, ainda trabalhava na empresa e estava lendo *Inteligência emocional*, de Daniel Goleman, lançado em 1996. Vi o meu chefe pendurar um quadro na parede com exatamente as mesmas palavras do título do livro. Perguntei, então, se ele também estava lendo a obra, e ele respondeu que nem sabia que existia um livro, mas que havia feito um curso sobre o tema e me daria de presente se eu quisesse.

Lembra a primeira palavra de comando que citei, *consciência*? Esse foi um despertar da minha consciência. Fui fazer o curso e assim aprendi sobre PNL e algumas de suas técnicas, o que me fez descobrir que era possível utilizar as emoções com inteligência para me transformar em quem eu gostaria de ser. Foi como me despedi da timidez e dei boas-vindas a novas oportunidades.

Isso só foi possível porque descobri uma oportunidade de emprego, fui fazer entrevista, fiquei horas e horas esperando o gerente me chamar, até que a secretária disse que ele não poderia mais me atender. Pedi que ela insistisse, pois eu havia passado muito tempo ali e queria pelo menos me apresentar. Ele topou, mas comentou logo nos primeiros segundos do papo que eu não tinha chances porque ele estava procurando alguém mais velho.

Pedi que conversasse comigo mesmo assim, porque tinha certeza de que poderia fazer a empresa decolar. Tamanho era o meu poder de narrativa, que fui contratado, lapidando cada vez mais o diamante que sou.

Nessa empresa, fui promovido e passei os anos seguintes crescendo e me desenvolvendo, enquanto ainda fazia cursos, treinamentos e estudava sobre Neurociência, PNL e muito mais – o que me levou, inevitavelmente, a querer abrir a minha própria empresa de treinamentos. Foi assim que nasceu, em 1998, a Humanity Treinamentos, empresa focada na capacitação e no desenvolvimento humano.

Sempre tive facilidade em dizer às pessoas a verdade sobre elas, verdade essa que muitas vezes elas não enxergam. Sempre tive facilidade em mostrar como é possível encontrar o diamante não lapidado dentro de si. Por isso sou treinador. Esse é o meu grande poder. Mostro às pessoas o que elas não enxergam em si, mostro onde elas estão travadas e o que precisa ser feito para decolar, ensinando-as a reprogramar a própria mente como na cena do filme e como se estivesse voltando à minha infância enquanto ainda brincava de Playmobil. Você já ouviu falar desse brinquedo?

Playmobil, para quem não conhece, são pequenos brinquedos de plástico que podem incluir veículos, animais, pessoas ou acessórios, e possuem partes móveis interligadas entre si, representando cenários temáticos. Adorava os bonequinhos de Playmobil e tinha uma coleção: Forte Apache, Nave Espacial e muito mais. Ainda sem nem saber o meu futuro ou a minha carreira, o meu passatempo preferido era enfileirar todos os bonecos, um ao lado do outro, retirar a parte móvel do seu cabelinho, que deixa o espaço de um buraco vazio no lugar do cérebro, e escrever em vários pedacinhos de papel o que eles aprenderiam naquele momento. Fazia isso porque via o espaço vazio do cérebro e achava que precisava incluir o que aprenderiam. Precisava reprogramar a sua mente. E isso é tão forte em mim e na minha história, que ganhei três bonequinhos de Playmobil alguns anos trás de uma aluna para representar a ela, o marido e eu, mostrando essa nova programação que faço na mente das pessoas.

Se antes eu programava softwares e recursos dentro de um computador, depois, como treinador, passei a reprogramar o cérebro humano. Descobri como gerar uma linguagem de programação diferente dentro da mente para que a pessoa passe a ter novos resultados que não conseguiria com a programação antiga. Para mim, essa mudança foi "fácil" porque já sabia como programar uma máquina, e precisava apenas entender como poderia programar uma *nova* máquina, o cérebro humano.

Hoje, sou um treinador que entrega programas que geram resultados na vida das pessoas. Como? A partir dos cinco conceitos com os quais iniciei o capítulo. E sei que posso ajudar você.

O CÓDIGO DA REPROGRAMAÇÃO

Se você é um empresário ou líder que sempre quis ter resultados, mas nunca conseguiu crescer tanto quanto achava ser possível, este livro é para você. Se é aquela pessoa que quer avançar, que tem muito "gás", muita energia, mas por algum motivo sente que é um diamante não lapidado, uma pedra bruta, este conteúdo também é para você. Se sente que há uma "casca" que o envolve e não o deixa avançar, está no espaço certo. Se sabe que tem muita capacidade, mas ainda não conseguiu colocar isso para o mundo, ou é muito tímido e travado, assim como eu era, aqui é o seu lugar.

Quero mostrar que você é um líder ou um empresário que vai impactar multidões a partir de uma lógica inversa. No fim do livro, você será um empresário ou um líder capaz de influenciar muitas pessoas. Elas irão olhá-lo, encará-lo e ver o diamante que você verdadeiramente é. Para impactar multidões, entretanto, é preciso que seja o exemplo, que seja uma pessoa que tem resultados, que é verdadeira. Sucessivamente, o próximo passo para impactar multidões, assim como tenho feito, é gerar resultados na sua empresa ou em sua liderança a fim de colher bons frutos. Como consequência, mudará sua vida e moverá multidões.

Para isso, é preciso que você "se arrume" em primeiro lugar, que olhe para dentro e passe pelos cinco conceitos que iniciaram o capítulo e nortearão a metodologia do livro: (1) *consciência* para se apropriar da realidade; (2) *desbloqueio* para tirar os impedimentos que a consciência descobriu; (3) *pensar diferente* para incluir um novo programa e gerar outros resultados; (4) *decidir diferente*, porque não adianta apenas pensar, é preciso escolher um dos novos caminhos; (5) e *agir diferente* para se colocar em movimento, colocar em prática o que aprendeu e mudar a sua realidade. Esse é o código da reprogramação.

São cinco fases que prendem a maioria das pessoas que não conseguem atingir novos patamares e que precisam ser desbloqueadas. É possível que você esteja na primeira, na segunda ou em qualquer uma das outras, porém passar por todas será importante para identificar e agir na mais adequada para o que você quer. Quero que passe por cada uma e consiga detectar qual pode ser a que está travando você, o que não está deixando você seguir adiante para que possa ser um líder ou um empresário que impacta multidões. Essa trava pode estar na vida financeira, nos relacionamentos, na empresa por você não saber delegar ou buscar clientes, entre outras razões.

Independentemente de qual seja o ponto de trava, é nele que trabalharemos. Você só está preso nisso porque ainda não descobriu a Jornada Para Uma Vida Extraordinária, também conhecida por nós, da Humanity Treinamentos, como Jornada PUVE. Isso acontece porque entrou em um ciclo de vida comum, em que repete as mesmas atitudes há muito tempo. Esse ciclo pode ser diário, mensal ou anual; porém, sem o conhecimento e as ferramentas certas, não dá para sair disso. Mas eu o ajudarei entregando o que é fora do comum para que você possa fazer o extraordinário.

A mudança não precisa ser grande, talvez seja só um pouco diferente do que você está acostumado a fim de tirá-lo do eixo em que está e mudar o ciclo, que pode ser como uma prisão travando o seu potencial de resultados. Talvez não seja algo que "dói", incomoda, mas trava e paralisa, assim como fazia comigo.

Se você falar "sim" para mim, posso fazer muito por você. E sei que posso porque já fiz por muitas pessoas, cujas histórias contarei ao longo do livro. Se falar "sim", farei isso com 100% da minha capacidade. Porém, entre o "sim" e o "não", a minha única possibilidade é respeitar a sua decisão até que esteja tomada. Então espero que decida dizer "sim" nesta página e nas próximas, ao longo de toda a jornada. Não por mim, mas por você. Pelo seu movimento, pelo seu crescimento e pelo diamante que você sabe que é, pronto para ser lapidado.

TUDO O QUE FOI APRENDIDO PODE SER REPROGRAMADO – INCLUSIVE VOCÊ.

LOADING... ATUALIZE SEU PODER DE LIDERANÇA

@juliopereira.oficial

O tamanho do seu resultado será diretamente proporcional ao tamanho do seu esforço. O que você vai alcançar dependerá apenas de você, das decisões que vai tomar a partir de agora. Ou seja, a sua vontade de avançar nas etapas precisará ser maior do que o que você tem hoje para que a jornada valha a pena. Um segredo: ela vale.

Você é um diamante desconhecido.

Você pode continuar lendo como quem consome mais um conteúdo... Ou pode ler como quem está pronto para sair de onde está. Não é sobre mim. É sobre você. A pergunta não é se está pronto, mas se está disposto.

Espero que esteja! Aguardo o seu "sim" no próximo capítulo.

CAPÍTULO 1

O TETO NUNCA FOI O LIMITE

Quando até os grandes querem desistir, há algo por trás do cansaço invisível.

Era uma sexta-feira de manhã, dia 3 de janeiro de 2025, quando recebi uma mensagem no meu WhatsApp em formato de pedido de socorro de um amigo que não via mais saída. Uma amizade de décadas, e nesse período ele conquistou a posição de dono de uma empresa que atua no ecossistema de vendas, trilhando uma carreira de muito sucesso na área. Eu o considero alguém extraordinário. Estávamos conversando, perguntei como estavam os negócios e ele me disse: "Júlio, vou vender tudo. Vou me aposentar. Não quero mais saber disso, não é mais para mim. Chega!". Para dar mais contexto à história, quero contar que ele tem 50 anos, sempre foi um completo apaixonado pelo que faz e jamais deu nenhum tipo de pista sobre vender o que tinha. Foram muitos anos e conquistas, trabalho duro, e fiquei surpreso quando ouvi isso da sua boca.

"Mas vai vender por quê? O que aconteceu?", foi o que questionei. Na resposta, percebi uma certa confusão sobre o que ele realmente queria. Não tinha certeza de que esse era o caminho certo, mas estava exausto. Simples e puramente esgotado pelo que vinha fazendo. A empresa já havia crescido consideravelmente, e ele havia tido resultados muitos bons, mas agora estava estagnado, parado no lugar sem conseguir crescer. Como consequência, ou talvez por esse motivo, a sua vida pessoal também não avançava. A solução? Vender o negócio, é claro. Respondi, então, que antes de ele tomar essa decisão queria pedir que se sentasse comigo por algum tempo para batermos um papo.

Ficamos mais de duas horas conversando e, no fim das contas, ele não só decidiu desistir da venda do negócio como também percebeu que era o momento de expandir. Hoje, em meados de abril de 2025, mais de um mês depois daquele momento de desânimo e incerteza, falei com ele novamente e descobri que tudo está caminhando muito bem. Manteve a empresa que tinha construído com tanto trabalho, decidiu abrir uma nova frente do negócio na área de educação, e a sua vida pessoal também estava fluindo paralelamente, reagindo bem às mudanças.

Em resumo, o que estava acontecendo com ele é bem simples: havia atingido o *teto* do crescimento, o teto emocional do limite, e, justamente por estar cansado de "bater com a cabeça" nesse teto, ele havia decidido vender. Mas a verdade era que o teto funcionava como uma porta. Bastou uma reprogramação, uma nova análise do que poderia ser feito, para que ele entendesse quais passos precisaria dar para abrir a porta daquele teto e poder crescer ainda mais. E veja que não estou tentando provar que nenhum empresário jamais deve vender a própria empresa. Muito pelo contrário. Às vezes, é o caminho que faz mais sentido e é necessário. O meu argumento, em contrapartida, é sobre essa sensação de estagnação, cansaço e esgotamento que se torna uma companhia constante na vida do empresário ou da empresária. Falo sobre esse teto invisível que impede a empresa e a vida pessoal de líderes ou empreendedores de avançar.

Quantas vezes as pessoas nem encararam ainda o teto frente à frente, mas já decidiram andar para trás? Quantas vezes chegam ao teto tão esgotadas, que a única saída possível é vender a empresa, fechar o negócio ou declarar a falência? Essa é a realidade comum do brasileiro, como é possível confirmar, nas mais variadas pesquisas, pelos números desanimadores que indicam o modo como os negócios fecham em nosso país. Seis em cada dez empresas que nascem aqui fecham após cinco anos do início das atividades, refletindo a fragilidade que há nesse universo.[1] Só em 2024, registramos mais de 800 mil

1 ROVAROTO, I. 60% das empresas não sobrevivem após cinco anos no Brasil, aponta IBGE. **Exame**, 5 dez. 2024. Disponível em: https://exame.com/negocios/60-das-empresas-nao-sobrevivem-apos-cinco-anos-no-brasil-aponta-ibge/. Acesso em: 28 abr. 2025.

fechamentos.[2] E isso tem acontecido há anos e anos, como pode ser verificado por um recorte específico, apurado pelo Serasa Experian, que demonstrou que o número de empresas que declarou estar com dificuldades financeiras e se encaminhou para o estágio de falência cresceu 80% entre os últimos anos.[3]

Não tenho como afirmar, mas vejo com clareza que, entre outros fatores, há um empresário por trás disso tudo que está cansado, esgotado, pensa que chegou ao limite e por isso está avançando menos. Começou a trabalhar e dar tração para a empresa cheio de energia, mas ela está diminuindo, e agora a sensação é de estar completamente à deriva, sem saber o que fazer. Ele bateu em seu teto emocional, que foi exatamente o que aconteceu com o meu amigo, como contei anteriormente.

Como conheço esse amigo muito bem, sei que ele estava em seu limite, igual ao que vemos em tantos outros contextos do cenário brasileiro, em que um em cada cinco profissionais sofre de esgotamento, como constatou a pesquisa feita pela Gattaz Health & Results, que foi coordenada pelo Instituto de Psiquiatria da Universidade de São Paulo (IPq/USP). Os resultados mostraram que 43% dos profissionais pesquisados disseram ter sintomas depressivos e 24% queixaram-se de ansiedade.[4] É o famoso "quem nunca?": mais comum do que imaginamos, mais perigoso do que nos damos conta. Conheço muito bem essa sensação e, por saber exatamente como é se sentir assim, chegar ao estado de achar que atingiu o teto do crescimento sem saber como dar o próximo passo, quero exemplificar melhor o que costumo identificar nesse ponto.

---

2 BRASIL registra o fechamento de 854.150 empresas em 2024. **Monitor Mercantil**, 18 jun. 2024. Disponível em: https://monitormercantil.com.br/brasil-registra-o-fechamento-de-854-150-empresas-em-2024/. Acesso em: 29 abr. 2025.

3 PILAR, A. F. Falências de empresas saltam 80% em dois anos, diz Serasa Experian. **O Globo**, 23 fev. 2023. Disponível em: https://oglobo.globo.com/economia/financas/noticia/2023/02/falencias-de-empresas-saltam-80percent-em-dois-anos-diz-serasa-experian.ghtml. Acesso em: 26 abr. 2025.

4 YONESHIGUE, B. Burnout: 1 a cada 5 profissionais de grandes corporações sofre de esgotamento no Brasil, mostra pesquisa inédita. **O Globo**, 13 out. 2022. Disponível em: https://oglobo.globo.com/saude/bem-estar/noticia/2022/10/burnout-1-a-cada-5-profissionais-de-grandes-corporacoes-sofrem-de-esgotamento-no-brasil-mostra-pesquisa-inedita.ghtml. Acesso em: 26 abr. 2025.

NÃO É O PESO QUE ESGOTA VOCÊ. É A RESISTÊNCIA EM MUDAR O CAMINHO QUE JÁ NÃO FAZ MAIS SENTIDO.

LOADING... ATUALIZE SEU PODER DE LIDERANÇA

@juliopereira.oficial

Em primeiro lugar, percebo que esse líder olha para o que faz e sente que tudo é muito pesado. Acha que não há solução para o que vive. Sente-se sobrecarregado, como se o fardo precisasse ser carregado apenas por ele, como se estivesse empurrando um caminhão sem roda no meio do lodo, completamente sozinho. Quer abandonar tudo na maior parte dos dias, mas não percebe que, muito antes de a empresa falir ou não atingir os resultados que deveria, ele vai falir como ser humano, porque precisa tomar uma atitude para sair desse lugar de sofrimento. Sente que faliu como pessoa, como líder, como empreendedor. Parece que tudo vai explodir a qualquer momento.

Sei que ele sofre, mas o faz calado na maior parte das vezes. Até compartilha uma ou duas frases no Instagram sobre o assunto, algo mais motivacional para que ele mesmo possa acreditar que há uma saída, mas é muito pouco perto do que precisa ser feito para reprogramar o que gerará novas conquistas. Trabalha muito, incansavelmente. Lidera uma empresa, lidera a própria vida e a família. Está fazendo muito, mas não aguenta mais porque o retorno não justifica o tamanho do esforço. Sente culpa. Muita culpa. Por não atingir as metas, por não conseguir avançar, por saber que outros dependem do seu crescimento. Tem metas, mas elas se transformam em miragens. Parecem impossíveis de alcançar. É como se estivesse andando no deserto, com fome e sede, o corpo dolorido, e encontrasse uma fonte de água ao longe, mas, ao caminhar, jamais conseguisse chegar à água, pois ela continua distante. Assim é com essa pessoa que chega ao teto emocional: o crescimento parece estar cada vez mais afastado.

Muitas vezes, esses empresários gastam praticamente todo o tempo disponível com o trabalho, agindo exatamente como sempre agiram, mas o mundo mudou, tudo tem se transformado, então fazer o mesmo já não é mais o bastante. Hoje, o conhecimento talvez precise ser outro. Talvez seja necessário gastar energia com outros contextos que vão fazer a porta dessa prisão que o prende se abrir. Fazer tudo igual sempre deu certo, é verdade, mas não dá mais. E não é uma questão de trabalhar mais, e sim de trabalhar certo, mudar o que se tem feito para resolver o que está acontecendo agora.

Por outro lado, sem *mudança* não há mudança. Parece estranho, eu sei, mas quero contar uma história que vai explicar esse conceito.

Em uma estrada longínqua dos Estados Unidos, um homem estava andando de carro e percebeu que precisava abastecer. Parou, então, em um desses autopostos da estrada. Desceu do carro, pegou a mangueira de combustível e posicionou-a para que começasse a encher o tanque. Ali, enquanto observava a paisagem, viu um homem sentado em uma cadeira de balanço na lateral do estabelecimento, que devia ser o responsável por receber o valor do combustível, e, ao seu lado esquerdo, estava um cachorrinho bem pequeno sentado no chão. Nesses poucos segundos de observação, ouviu o animal dar um choro baixo, leve, mas dolorido. *Será que estava com dor? Será que estava sofrendo?* Curioso, decidiu ir até lá para pagar pelo combustível e perguntar ao homem o que estava acontecendo com o cachorro.

Assim, depois de ter acertado o valor devido, disse ao homem: "Estava observando o movimento e percebi que aqui não passa praticamente ninguém, não é?!". "Pouca gente mesmo, é verdade, somos apenas eu e meu cachorro por aqui", ele respondeu. Então o motorista complementou: "É verdade, logo percebi. Mas, nossa, percebi que o cachorrinho não saiu do lugar. Ele não passeia por aqui? Não brinca ao redor do posto? É tão aberto por aqui, há tanto espaço para ele explorar". E o senhor respondeu que não, que ele ficava sentado o dia todo exatamente naquele mesmo lugar. "Mas ele está doente? Por isso está chorando?", decidiu questionar, e recebeu a seguinte réplica: "Não, não está doente. Chora porque exatamente no local em que fica sentado tem um pequeno prego. Como o meu balanço fica aqui, ele fica ao meu lado e se senta exatamente no mesmo lugar todos os dias. Em vez de se acomodar do outro lado, parece preferir permanecer com o prego o machucando. Não sei por que, mas é esse o motivo".

Não é o fim da linha.
É só o fim do código antigo.

Em nossa vida, muitas vezes nos comportamos como esse cachorrinho. Temos um amplo espaço para aproveitar, muitas coisas para conhecer, mudanças para colocar em prática, mas não o fazemos e ficamos parados exatamente no mesmo lugar onde tem algo nos machucando. Poderíamos nos mover um pouco para o lado, mas não o fazemos. Achamos que estamos em nosso melhor lugar, mas não é verdade. Acostumamo-nos com a dor, não percebemos que o local em que estamos não é o melhor para nós, e assim vivemos uma miséria interior. De modo mais simples, isso acontece porque estamos rodando um código em nossa mente que não nos serve mais. Para sair de cima do prego, é preciso mudar o código. Afastar-se dali. Por isso comentei que sem *mudança* não há mudança. O cachorro, sentado em cima do prego, permanecerá com dor. Bastava dar um pequeno passinho ao lado para que tudo mudasse. Mas não muda. Assim, a mudança é também condicionada pelo fazer diferente, pelo mover-se. Esse é o primeiro código desatualizado que precisa ser ajustado.

Eu mesmo já permaneci assim, sentado em um prego que estava me machucando, preso por um teto emocional que parecia intransponível, e quem me puxou de volta foi a Mirian. Essa história aconteceu no fim de 2019 e no começo de 2020, em uma época na qual eu dava treinamentos a cada vinte dias e estava com um hotel reservado para os nossos cursos pelos três anos seguintes. Até que, um dia, recebi a notícia de que tudo estava fechando e os treinamentos presenciais não poderiam mais acontecer. Imagino que você deva saber do que estou falando, era a pandemia de covid-19 que estava dando os primeiros sinais de alerta. Depois desse momento inicial, tudo fechou e precisou ser feito de outro jeito.

Corri, inovei, passei a dar treinamentos no formato on-line e cheguei a um ponto em que achei que surtaria completamente. Não que quisesse vender a empresa como o meu amigo, mas achava que precisaria me afastar por um tempo porque não estava conseguindo dar conta de tudo o que precisava ser feito. Quase não dormia, trabalhava incansavelmente e não tinha conhecimento técnico para essa nova estratégia que o on-line exigia. Então, contei para a Mirian o que eu estava sentindo, e ela me puxou de volta.

A solução, em um primeiro momento, foi fazer uma mudança radical. O teto emocional que impedia o meu crescimento estava ali; então, para que uma mudança acontecesse, precisávamos também de outra mudança. Morávamos em Santos e fomos para São José dos Campos. Fizemos isso em menos de uma semana; afinal, eu precisava de novos ares, e seria muito importante marcar esse momento para que outras engrenagens do processo começassem a gerar novos resultados. Com uma nova casa, passei a buscar novas programações para o meu cérebro. Não era esforço que me faltava, mas padrão mental correto. Você não pode subestimar o poder da ambiência. Ela é capaz de mudar todo o rumo da história da sua vida. Provavelmente, é isso o que está faltando para você também. Era o que estava faltando para o meu amigo.

Se a pandemia não tivesse acontecido, contudo, se eu não tivesse atingido o teto emocional, se não tivesse feito essa mudança, provavelmente nem estaria escrevendo este livro. Não teria crescido o tanto que cresci depois de tudo o que aconteceu. Teria permanecido naquele formato porque tudo estava muito cômodo. O hotel estava reservado pelos próximos três anos; imagine, tudo fluía normalmente, mas sem um grande crescimento. Estável. Porém, o que eu tinha era apenas uma migalha do que poderia conquistar. Portanto, às vezes, algo precisa acontecer para nos movimentar.

O que foi que aconteceu com você e o movimentou? Reflita sobre isso.

O livro está sendo – e será cada vez mais – a sua alavanca de mudança, e a partir de agora você precisa reconhecer esse teto que está sobre a sua cabeça impedindo-o de conseguir conquistar ainda mais coisas. Você não é um impostor, não é uma farsa, assim como muitos se sentem – até porque o impostor sempre sabe quem ele verdadeiramente é. Não é o seu caso. Você age e tem resultados, só chegou a um patamar que parece impossível de ultrapassar, mas não é. O que está acontecendo é uma programação antiga em um sistema que precisa ser atualizado. É a estagnação disfarçada de produtividade. É a cegueira proporcionada pelo cansaço físico e emocional. São os passos dados em um deserto infinito que jamais o leva ao oásis.

Quero finalizar essa linha de raciocínio com algo que expliquei ao meu amigo depois que ele me falou mais sobre o que estava acontecendo em sua vida: de fato você sabe muitas coisas, mas não sabe que é o sistema dentro da sua cabeça que funciona desse jeito e o está travando. Existem várias pessoas que já passaram por isso e conseguiram resolver, e elas conhecem algo que você não conhece. Eu sei o quê. E vou ensiná-lo nos próximos capítulos. Você não está "quebrado", e talvez essa vontade de desistir seja só o programa errado rodando dentro de uma mente incrivelmente poderosa. Precisamos atualizar o sistema.

De que modo? A escolha será sua, e tomo a liberdade de utilizar de novo o filme *Matrix* para exemplificar. Imagine que, assim como o Neo, você

LÍDER QUE SE LIBERTA LIDERA. LÍDER QUE SE APRISIONA AFUNDA COM A PRÓPRIA EQUIPE, COM A PRÓPRIA FAMÍLIA.

LOADING... ATUALIZE SEU PODER DE LIDERANÇA

@juliopereira.oficial

acabou de descobrir que toda a sua realidade poderia ser diferente. Então, recebe a opção de escolher entre uma pílula azul, que o levará à ilusão, e uma pílula vermelha, que o levará à verdade, à mudança e à transformação. Muitos escolhem a pílula azul. Espero que você escolha a vermelha, assim como eu escolhi e ajudei muitos outros líderes a escolherem. Espero que você opte pela verdade, pela mudança, pela atualização do seu sistema.

Líderes que lideram de modo travado contaminam as equipes. Ao continuar travado, você deixará quem está ao seu redor cada vez mais com medo. Já os líderes que lideram com liberdade e certeza contaminam a equipe com coragem e crescimento. Talvez a liderança que trava seja um padrão antigo, mas ele pode dar lugar ao novo.

Então eu pergunto: dói mais fracassar ou saber que ainda nem começou a jogar no seu verdadeiro nível? Sentir que está perdendo ou saber que nem começou a jogar o jogo que nasceu para vencer?

Desbloqueie o próximo nível

A seguir, você encontrará afirmações que podem ou não representar o que você sente agora. Com sinceridade, quero que leia e marque ao lado se sentir que isso ressoa em sua vida.

- [ ] Me sinto preso repetindo padrões.
- [ ] Trabalho muito, mas avanço pouco.
- [ ] Não tenho mais energia como antes.
- [ ] Tenho medo de mudar.
- [ ] Tenho vergonha de admitir que estou travado.
- [ ] Sinto que estou ficando para trás emocionalmente.
- [ ] Evito olhar para dentro.
- [ ] Me cobro mais do que me elogio.
- [ ] Sinto culpa quando penso em cuidar de mim.
- [ ] Estou no piloto automático.

Agora, faça a contagem das respostas. Se marcou três ou mais opções, existe apenas uma verdade: o seu código atual já não serve mais. Você chegou ao teto. Chegou a hora de mudar isso.

Quem se encoraja para encarar o próprio teto descobre que ele nunca foi limite; ele sempre foi portal.

CAPÍTULO 2

PROGRAMAÇÕES INVISÍVEIS

Você não está travado, só está rodando um código que não é mais seu.

Entre o teto emocional e a solução de um novo código de pro-gramação mental, do qual falarei adiante, existem os *motivos* pelos quais tudo isso está acontecendo, que são *programas invisíveis* rodando dentro da sua cabeça, no seu cérebro, o hardware mais bem-elaborado que conhecemos. Ou seja, o que acontece hoje, a falta de resultados, a estagnação e a dificuldade em viver o extraordinário não são pontos que permanecem assim por falta de vontade, preguiça ou porque você não é esforçado. Tudo funciona desse jeito porque há uma programação invisível na sua mente que determina esse funcionamento – e enquanto não for atualizada nada mudará, por mais esforço, energia e diligência que você empregue.

Às vezes, não é como um vírus de computador, que é um software malicioso cujo objetivo é causar danos, e sim um programa invisível que não está na melhor versão que poderia para rodar. Você faz o que faz hoje e está nesse lugar de resultados porque foi programado para *sobreviver*, não foi programado para *expandir*. Embora essa seja a vontade de boa parte das pessoas, a realidade é que somos programados para economizar energia e perpetuar a nossa espécie. Fomos biologicamente moldados para encurtar caminhos, buscar aquilo que é mais fácil e, assim, sobrevivermos. É como uma herança ancestral, um código com o objetivo de nos manter vivos. Então, não é falta de vontade ou preguiça, é apenas o cérebro fazendo exatamente o que foi projetado para fazer: proteger-se, evitar riscos e gastar menos energia. E, enquanto esse código invisível não for identificado e reprogramado, todo esforço parecerá uma luta contra você mesmo.

VOCÊ NÃO ESTÁ COM DEFEITO, SÓ ESTÁ RODANDO UM CÓDIGO DE SOBREVIVÊNCIA EM UM MOMENTO QUE EXIGE UM CÓDIGO DE EXPANSÃO.

LOADING... ATUALIZE SEU PODER DE LIDERANÇA

@juliopereira.oficial

Imagine, então, que esses programas invisíveis, que não estão funcionando bem e não levam à expansão, são feitos repetidamente. Tudo aquilo que é repetido transforma-se no que chamamos de *padrões mentais*, que, por sua vez, são pensamentos, comportamentos e até mesmo emoções que se repetem e influenciam o modo como vivemos e interagimos. Padrões mentais nos fazem evitar a mudança. Nos fazem evitar o que é novo, diferente e poderá, possivelmente, gerar mais resultados. Também nos fazem adiar as novas ações, porque não sabemos se elas trarão algo positivo.

Assim, se você está me acompanhando até aqui, sabe que precisa entender melhor esses programas invisíveis e padrões mentais que podem estar impedindo o seu crescimento. Esse será o objetivo a partir de agora.

REPETIR O QUE É INÚTIL: ESSA ESTRATÉGIA JÁ NÃO DÁ MAIS CERTO

Ainda criança, recordo que um dia vi a minha mãe, Sônia, comprando um queijo mineiro. Ao chegar em casa, posicionou-o na pia, abriu o saquinho e a torneira, e lavou o queijo antes de colocar na queijeira. Curioso, perguntei a ela por qual motivo tinha feito isso, se o líquido que estava dentro do saquinho era ruim, e ela respondeu: "Não, meu filho, não é ruim, mas prefiro lavar para tirar". "Ué, se não é ruim, por que lavar?", questionei, e ela disse que era assim que tinha aprendido com a sua mãe, a minha avó.

Mais curioso do que estava no início, decidi que, na próxima oportunidade que tivesse, perguntaria à minha avó Dirce qual era o segredo para precisar lavar o tal do queijo mineiro que vinha com um líquido no pacote. Naquele momento, já estava até mesmo com a impressão de que o tal líquido deveria ser radioativo, e a resposta dela, um tanto quanto surpreendente para mim, foi exatamente a mesma resposta que a minha mãe havia dado, porém agora contando que tinha aprendido que era melhor lavar o queijo com a sua mãe, a minha bisavó, chamada carinhosamente pela família de vó Merinda.

Sortudo por poder decifrar o mistério e perguntar a ela, levei o questionamento em um almoço de domingo: "Bisa, queria saber por qual motivo a senhora lava o queijo mineiro antes de guardar. Perguntei para a minha mãe, depois para a minha avó Dirce, e ela disse que aprendeu com você. Me conta? Ele é ruim?". A resposta dela, mais brilhante impossível, foi: "Ah, meu filho, é óbvio que eu lavava o queijo. Lá em casa, tínhamos o terreiro, e eu precisava varrer esse espaço. Enquanto o queijo pronto descansava na queijeira, o pano que ficava por cima não protegia o queijo do pó que subia quando eu varria, e era preciso limpar".

Pronto. Mistério solucionado e eu pude seguir em frente, mas a moral da história é: muitas vezes estamos repetindo comportamentos sem nem mesmo questionar por que razão. A minha mãe e a minha avó não precisavam lavar o queijo, mas continuavam fazendo porque haviam aprendido assim. No cérebro, aprendemos a fazer determinadas coisas e achamos que elas são a solução para a melhor ação. Nem sempre são.

O cenário mudou, o mercado mudou e tudo está em constante transformação. Isso, por si só, já pede modificações. Muitos líderes continuam fazendo tudo exatamente do mesmo jeito que sempre foi feito porque sempre deu certo. No entanto, não é porque deu certo até aqui que dará para sempre. Repetir comportamentos e atitudes traz leveza e previsibilidade, é verdade, porque economiza energia, mas não é isso que vai gerar novos resultados. Aquela frase de que não se mexe em time que está ganhando é uma grande falácia, porque time que está ganhando pode, sim, levar uma goleada. Não é porque algo está cômodo e funcionando bem que permanecerá assim sempre, tal como vimos no exemplo prático amplamente conhecido da Kodak, ex-gigante da fotografia que falhou em se adaptar à nova tecnologia e ficou para trás. Repetiu a estratégia que estava dando certo por décadas, mas esqueceu-se de olhar para o futuro. Decidiu não inovar. No fim, foi engolida pela concorrência e declarou falência em 2012.[5]

Portanto, estratégias que estão dando certo hoje não necessariamente vão dar certo amanhã e depois. A repetição de pensamentos, comportamentos e ações não leva ao sucesso, leva apenas à previsibilidade. E a verdade

5 ANTHONY, S. D. Kodak's Downfall Wasn't About Technology. **HBR**, 15 jul. 2016. Disponível em: https://hbr.org/2016/07/kodaks-downfall-wasnt-about-technology. Acesso em: 10 maio. 2025.

é que ninguém tropeça na montanha. O tombo está sempre no detalhe. Ou seja, nas pequenas coisas, pequenas decisões que são tomadas de modo igual e repetido para evitar o esforço maior de fazer diferente.

O problema não é repetir o que sempre funcionou. É não perceber que o cenário já mudou.

Mas fomos programados para ser assim, para buscar o que é confortável e previsível, para não arriscar. Contudo, você acabou de perceber que não pode permanecer repetindo os mesmos padrões. Já sabe que não pode se apegar à sensação de segurança, porque está se sentindo seguro em algo em que era inseguro por natureza.

SOBRECARGA E INCÊNDIOS: FALTA CRIATIVIDADE

No capítulo anterior, falei sobre como a maioria dos empresários e líderes está soterrada de tarefas. É muita pressão, e a sensação constante é de que algo vai explodir. Isso, por sua vez, faz com que eles não consigam pensar com o que chamo de *pensamento livre*, que é o pensamento criativo, que gera ideias e possibilidades novas de execução. Quem está soterrado em pressão, tarefas e falta de resultados, infelizmente, não consegue pensar com liberdade e não é criativo, fica apenas respondendo às emergências. É o famoso apagar incêndios.

Esse líder, na maior parte do tempo, está preocupado com tarefas urgentes que precisam ser feitas e está focando a sua energia nisso. Sobrevive em um campo de incêndio emocional, onde a criatividade não flui, o pensamento não é leve e nada de inovador e novo surgirá. Este é mais um dos programas invisíveis que estão em nosso cérebro e nem percebemos, nem nos damos conta do quanto nos afetam.

A criatividade, em contrapartida, é fundamental para trazer novas soluções à empresa e à vida. É essencial para poder fazer diferente, mudar,

QUEM VIVE APAGANDO INCÊNDIOS NÃO TEM AS MÃOS LIVRES PARA CONSTRUIR O FUTURO.

LOADING... ATUALIZE SEU PODER DE LIDERANÇA

@juliopereira.oficial

pensar no que é novo e vai gerar bons resultados. Saiba, porém, que você não precisa ser criativo a todo momento. Fique tranquilo. Este livro será criativo para você, apresentando o que precisa ser feito para destravar essa área. Mas você precisará abrir lugar para o pensamento livre a fim de que a criatividade flua em outras situações.

Desse modo, o que preciso é que entenda o mecanismo de apagar incêndios e como ele mina completamente a criatividade. Sem ela, a produtividade é ineficiente, e o motivo é simples: imagine que você criou um produto novo, mas não foi criativo o suficiente para que ele tivesse consistência, utilidade e saída. Para que servirá o produto? Para nada. Você terá gastado energia, tempo e dinheiro com o objetivo de lançar um produto que falhará. Ou seja, sem a criatividade, a produtividade é ineficiente, porque ela não gera resultados. Você está apenas gastando energia.

Prepare-se, pois em breve vou revelar o poder da consciência, do desbloqueio e das fases para chegar à ação.

INICIATIVA SEM "ACABATIVA": COMEÇAR E NÃO CONTINUAR

As pessoas até têm iniciativa. O problema é que elas não têm "acabativa". Esse neologismo da língua portuguesa, que explica a capacidade de continuar e finalizar atividades iniciadas, é o termo perfeito para explicar um dos programas invisíveis que podem estar travando o seu crescimento.

Começar algo, todos começam. Negócios novos surgem todos os dias, mudanças de comportamento passam a ser implementadas, ideias são iniciadas e muito mais. A iniciativa está ali. O problema é que a acabativa não está. Falta consistência para continuar executando, falta disciplina para permanecer dentro do objetivo, e falta acionar os mecanismos corretos para que o prazer gerado na execução das tarefas valha a pena.

O que acontece, entretanto, é que, na maioria das vezes, o que havia sido começado é abandonado porque você não teve clareza de quanto aquilo seria importante para o seu futuro. Com frequência, precisamos de uma mão que nos segure, uma pessoa que nos impulsione e nos ajude para que possamos nos manter dentro do processo de mudança. Aqui, no livro, eu estou sendo essa pessoa que segurará na sua mão. Com a escrita do livro, precisei me organizar muito para poder fazer acontecer. De outro modo, abandonaria, não teria acabativa na escrita.

Costumeiramente o que também acontece é que as pessoas vão pulando de ideia em ideia, dividindo o foco em mais de um processo. Pense comigo: esse líder tem uma nova ideia, coloca muita energia nela, mas logo depois tem outra ideia e investe energia nisso. Então, o roteiro passa a se repetir, fazendo com que o líder fique pulando de uma ideia para outra, gastando quantidades enormes de energia. Muita iniciativa, pouca acabativa. Na rotina de começar e não acabar, surge um sentimento que toma conta: culpa. Culpa por achar que sempre está abandonando tudo, que não termina nada do que começa. Acontece que isso não é verdade. Você não está deixando esses projetos e ideias de lado porque é indisciplinado, e sim porque não conseguiu mirar a importância deles para o futuro.

Analisando o motivo de tal comportamento, eu diria que sua essência é simples: *dopamina*, um dos neurotransmissores mais poderosos que temos para a conquista de objetivos. Quando cumprimos uma tarefa, a dopamina é liberada e temos uma sensação de prazer. Mas concluir tarefas é difícil, trabalhoso, e o cérebro quer economizar energia. Então ele vai pelo caminho mais fácil e busca dopamina "barata" para sentir prazer mais rápido. Se você está me acompanhando, é possível que já tenha percebido a conclusão. Sim, o nosso cérebro busca dopamina barata em redes sociais, bebidas alcoólicas, alimentos ultraprocessados, jogos eletrônicos, drogas ilícitas, compras, pornografia e muito mais. Iniciar, permanecer e concluir tarefas e ideias dá trabalho. É muito mais fácil ficar passando a tela do celular enquanto o seu cérebro recebe dopamina e você sente prazer imediato.

Por isso digo que começar, às vezes, é até mais fácil. Porque gera alguma sensação de prazer de estar fazendo algo diferente. Permanecer naquilo, por outro lado, é trabalhoso, é uma dopamina difícil de conseguir. Manter-se em um processo de mudança e execução nova dá trabalho. Para mim, por exemplo, escrever este capítulo está gerando altos níveis de dopamina pelo simples fato de que sou apaixonado por este tema. Para você, por estar precisando enfrentar os seus medos e programas invisíveis, é possível que

ACOMODAÇÃO: SE ACOSTUMAR COM O QUE CONSTRUIU E NÃO SE PERMITIR AVANÇAR.

LOADING... ATUALIZE SEU PODER DE LIDERANÇA

@juliopereira.oficial

esteja sendo doloroso. Aposto que o seu celular está por perto, e só de ler tudo isso você sentiu mais vontade de passar tempo nele em vez de aprender mais com o livro. Resista a essa vontade. Resista à dopamina barata. Ela não leva às conquistas, eu garanto. É preciso ter iniciativa e acabativa nos objetivos. Mesmo que a energia gasta nas tarefas seja alta, o ganho, a conquista e o resultado valem a pena.

A acomodação, muitas vezes, pode estar mascarada de sucesso. No capítulo anterior, contei sobre o momento em que estava com o hotel reservado para os próximos três anos de evento, e aquilo, para mim, era mais do que suficiente. Eu estava conformado com o que tinha. Achava que tinha conquistado muito e não havia espaço para crescer. Mero engano. Todos podem mais.

Ter uma vida extraordinária não é algo de que todos precisam, mas é algo que todos merecem. É mais legal viver com maior número de possibilidades, com mais tempo, dinheiro e qualidade de vida. Então por que não avançar? Essa programação invisível, que sussurra em nosso ouvido que devemos nos conformar com o que temos, funciona para que você não arrisque e corra o risco de errar. Mas deixar do jeito que está, não buscar fazer diferente, gera acomodação. E, agora que você já sabe que continuar fazendo tudo igual não é o melhor caminho, vamos à metáfora da jangada.

Imagine que você está de frente para um rio, de um dos lados da margem. A água, cheia de jacarés, piranhas e cobras, além de ter uma correnteza forte, é difícil de ser atravessada. Só que, do lado em que você está, há árvores e cipós. Assim, com um facão e mirando chegar ao outro lado do rio, você corta algumas árvores e alguns cipós, amarrando bem entre os troncos e fazendo uma jangada. Decide, então, atravessar o rio, conseguindo pisar na margem oposta em segurança. Uma conquista! Mas ali, ao avançar um pouco adiante, descobre uma mata fechada que precisará ser desbravada. O seu maior problema não é a mata fechada, acredite. Você é corajoso e determinado. Você quer avançar, mas se apegou à jangada e não quer abandoná-la, mesmo que já não sirva para nada. O que você jamais poderia imaginar é que precisaria abandonar a jangada e avançar, pois para além da mata fechada está o *paraíso*, e arrastar a jangada não é uma decisão inteligente.

Essa é a conformação. Muitas vezes achamos que o que temos é suficiente, e pode ser muito mesmo, mas não é tudo. Com frequência há algo muito melhor esperando do outro lado, algo de muito mais valor. E é como ouvimos por aí: o que trouxe você até aqui não será aquilo que o levará para o extraordinário. Você realmente deve ter conquistado muito, mas é hora de parar de se conformar e querer manter o que já fez para construir algo ainda maior.

COMUNICAÇÃO INEFICIENTE: IDEIAS QUE NÃO ESTÃO CLARAS

Há, ainda, um último programa invisível que não posso deixar de mencionar: a ineficiência na comunicação, que, muitas vezes, trava o progresso. Veja, a estrutura do pensamento de uma pessoa não é igual à de outra, tampouco a velocidade de pensar e compreender o que está ao seu redor. Algumas pessoas pensam mais rápido. Outras demoram mais. Há ainda a diferença do padrão de comunicação entre gerações, considerando, por exemplo, que a maneira de se comunicar com uma pessoa de 20 anos precisa ser completamente diferente da maneira de se comunicar com uma pessoa de 30, 40, 50 ou 60 anos. É difícil falar a língua de todos, explicar e ser compreendido. É complexo apresentar as ideias do mesmo modo para todos e fazer com que elas sejam compradas e engajem da mesma maneira.

Assim, o que acontece é que permanecemos nos comunicando exatamente do mesmo jeito com todos os que estão ao nosso redor, e esperamos os resultados, sem considerar as particularidades de cada grupo. Você precisa sair do programa comum e passar a se comunicar da maneira que funcionará com quem está com você. Muitas vezes, será necessário voltar alguns níveis e imaginar até mesmo que você está se comunicando com o seu eu do passado, de dez ou quinze anos atrás, que tinha aqueles mesmos objetivos e metas. A comunicação, portanto, precisa ser descomplicada.

No meu caso, por exemplo, a depender da palestra ou do curso que estou dando, mudo o modo como falo para que possa igualar a comunicação e facilitar para quem está do outro lado. Isso engaja mais, gera mais receptividade com as novas ideias, com as metas e com o que precisa ser feito ou entendido para que o extraordinário aconteça. Líderes não deveriam apenas ser premiados por eficiência. Deveriam passar a ser premiados por comunicação, pois só um excelente líder comunicador consegue engajar quem está do outro lado para o que precisa ser feito. E esse programa invisível muitas vezes pode nos deixar cegos, então é hora de ajustar a comunicação para ser entendido.

Com a finalização deste ponto, quero que saiba que você não está travado porque é fraco. Está travado porque aprendeu a viver assim. Provavelmente cortou as árvores e o cipó, construiu a jangada, atravessou o lago, mas encontrou uma floresta fechada e ficou em dúvida se valeria a pena abandonar a jangada, então estagnou e decidiu não avançar.

Essas programações invisíveis o protegeram até aqui, o fizeram economizar energia – e estava tudo bem até este momento. Mas agora é o momento de instalar um novo código e reprogramar.

Desbloqueie o próximo nível

Quero que faça o exercício do *visionário*, que funciona assim:

1. Faça uma pergunta para o seu eu que está dez anos à sua frente, no futuro: "Quais são os cinco pontos que mais estão me travando aqui e agora, no passado?". Deixe que ele responda. Não é você que precisa responder, é ele, que já trilhou esse caminho.

2. Em seguida, pergunte também a ele: "Por qual motivo eu não conseguiria chegar aonde você chegou?". Ter essa clareza pode ser transformador.

Escute o seu eu do futuro. Ele tem muito a dizer sobre o que você precisa mudar. Lembre-se, mesmo ele sendo seu eu do futuro, de alguma forma ele já habita em sua mente através dos seus maiores sonhos.

CAPÍTULO 3

VOCÊ ESTÁ PROGRAMADO PARA SOBREVIVER, NÃO PARA VENCER

Seu cérebro não quer que você vença. E tudo bem. Agora é você quem decide.

Será que o seu cérebro está preocupado com o sucesso? Acredite, ele não está. Nenhum cérebro acorda pela manhã pensando: *Hoje vamos conquistar grandes coisas* ou *Hoje é o dia do sucesso*. O que ele repete, consistentemente, é uma única linha de código: "Precisamos sobreviver a mais um dia". Essa é a programação padrão que dita o seu funcionamento, uma espécie de sistema operacional biológico que prioriza *segurança* e *economia de energia*. É isso que está no centro do comportamento automático. E não significa que ele está contra você, apenas que está buscando sobreviver.

Quem deseja ter sucesso, por outro lado, é *você*. Esse é um desejo *seu*. Mas, para que se transforme em realidade, é preciso entender que o cérebro funciona com base em códigos, em comandos, em rotinas. E é justamente por esse motivo que precisamos utilizar os métodos necessários, aqueles que já existem dentro da nossa mente, para fazer o sucesso acontecer. Não se trata apenas de esforço, mas de se *forçar* a alcançar o que gostaria, o sucesso que deseja ter. É preciso reprogramar as linhas de comando mentais que rodam em segundo plano.

É por esse motivo que algumas pessoas não conseguem chegar aos objetivos que desejam, principalmente se não têm um caminho bem definido ou se não estão desbloqueadas. Aquele que está bloqueado, como você pode imaginar, continua tomando exatamente as mesmas decisões e não age diferente. Consequentemente, mantém os resultados, em vez de mudá-los. No entanto, se você não mudar a programação com intenção, o cérebro também não o fará sozinho; afinal, precisa apenas sobreviver.

Isso, aliás, é o princípio básico da repetição: tudo o que você fez até hoje é exatamente igual ao que foi feito ao longo da sua vida e, por isso, levou aos mesmos resultados. Mas sei o que você deve estar pensando: *Ué, por qual motivo eu mudaria se essa programação sempre funcionou? Se me trouxe até aqui?* Realmente, é uma programação que funcionou até então, mas não é a que levará você ao que gostaria de atingir. E a lógica é simples: com a mesma programação temos as mesmas decisões; e com as mesmas decisões temos os mesmos resultados.

Muitas vezes, essa trava em relação à mudança acontece porque há uma sensação muito familiar atrelada ao que está acontecendo: o sentimento de *proteção*. Com a sua programação atual, é bem provável que você se sinta protegido nesse caminho, pois o que fez até então deu "razoavelmente" certo e, além do mais, não sabe o que encontrará ao mudar. Isso é completamente normal. O nosso cérebro, inclusive, gera essa sensação de proteção para evitar a dor da mudança, do novo, do incerto, do inseguro e até mesmo de traumas passados que podem vir à tona a partir do momento em que a programação for alterada. O grande problema está no fato de que, para protegê-lo da dor, o cérebro está bloqueando o seu futuro.

Vejamos um exemplo prático sobre o tema. Já ouvi inúmeras histórias de líderes que não conseguem ter conversas difíceis com os liderados porque não se sentem confortáveis em se indispor com as pessoas. Na maior parte das vezes, o que acontece é que há uma programação errada instalada no cérebro cujo objetivo é proteger o indivíduo de conflitos. Mas o avanço muitas vezes exige conversas difíceis, concorda? Em geral, o resultado é que esse diálogo só acontece quando a "bomba explodiu", quando aquilo que precisava ser mudado já não tem mais salvação ou exigirá um alto nível de esforço para a transformação. Em resumo, isso gera atraso no crescimento.

Outro exemplo muito comum acontece quando empresários não querem investir no crescimento. Acham que precisam estar totalmente preparados financeiramente, com os recursos 100% levantados para isso. Essa é também uma programação errada cujo objetivo é evitar a insegurança de arriscar sem saber o resultado. Mas só é possível crescer se arriscar, se fizer diferente. O resultado financeiro será a consequência, não a causa. Não conheço nenhum empresário, empreendedor ou líder que conseguiu ter todo o dinheiro necessário para se arriscar em algo maior. Primeiro arriscaram, depois colheram os frutos. Esse é o processo natural do crescimento.

A grande questão aqui, portanto, é a seguinte: você está operando com uma programação mental inadequada. Ou seja, o programa instalado no seu cérebro até está funcionando corretamente – dentro da lógica dele –, mas não é o programa ideal para levá-lo aonde quer chegar. Precisa ser substituído por um novo. Isso faz sentido para você? Não estamos falando de mau funcionamento, e sim do funcionamento correto com o programa errado. E por que é tão importante compreender isso?

Imagine que você está dentro de um carro muito potente, uma Ferrari SF90 Stradale, cuja aceleração pode chegar a 100 km/h em apenas 2,5 segundos.[6] Está com esse carro porque precisa chegar o mais rápido possível ao destino, que, em nosso exemplo, podemos considerar que é o crescimento que tanto deseja. Então, você entra no carro, fica impressionado com a potência, liga o motor e decide testar a velocidade, assim poderá alcançar o que sempre quis. Mas, por não conhecer o caminho, você acelera para o lado errado. De que adiantou? Aceleração para a direção errada é inútil porque leva a um caminho indesejado. Não adianta ter potência e tração se não se sabe a direção. Precisamente por esse motivo, avaliar o programa que está rodando em seu cérebro é importante: para que você não acelere com o programa errado e arrisque chegar a um lugar que não gostaria. Gastará energia, combustível e ficará frustrado.

Em termos mais simples, isso ocorre porque o cérebro é uma máquina. Uma máquina extraordinária! É mais poderosa do que qualquer uma que criamos para o próprio uso. Ainda não alcançamos a sua capacidade, mas conseguimos imitá-la em alguns aspectos. E justamente por ser uma máquina incrível, precisamos utilizá-la de maneira igualmente incrível. Mas como?

Partindo do início, você precisa saber que ela opera em linhas de comando, em códigos. Ou seja, neste exato momento em que estou escrevendo e você está lendo, há uma infinidade de pensamentos passando pela minha e

---

6 FERRARI. Disponível em: www.ferrari.com/en-EN/auto/sf90-stradale. Acesso em: 26 maio 2025.

A MAIORIA DAS PESSOAS FRACASSA NÃO POR FALTA DE POTENCIAL, MAS POR EXCESSO DE CÓDIGO ANTIGO RODANDO EM SILÊNCIO.

LOADING... ATUALIZE SEU PODER DE LIDERANÇA

@juliopereira.oficial

pela sua mente. Esses são os códigos. Enquanto lê, sei que existem milhões de ideias que atravessam a sua cabeça. São justamente esses pensamentos que vão determinar o caminho que você seguirá, isto é, são esses códigos que fazem parte do seu ser que vão influenciar o que acontecerá.

Se você acreditar, por exemplo, que a trilha que estou apresentando vai funcionar para a sua mudança, assim acontecerá. Se acreditar, em contrapartida, que não funcionará, assim também será. Se pensar que a trilha é para você, caminhará para que seja. Se acreditar que não é, caminhará para a desistência. Em outras palavras, os nossos pensamentos definem, sim, os caminhos que vamos percorrer, porque são programas que alimentamos e conduzem o modo como viveremos.

Além disso, ao pensar sobre o funcionamento do cérebro, há um fato que precisa ser dito: os programas que estão rodando na máquina incrível que chamamos de cérebro foram criados antes do que se imagina. Muitos deles, se não a maioria, foram instalados na sua infância, no modo como foi criado e aprendeu a encarar a vida. Nos momentos em que observou aqueles que estavam perto de você. São frases que ouviu na infância, modelos que copiou dos pais ou responsáveis e todas as experiências que viveu. Não sabemos de onde vieram muitos dos comportamentos que temos, mas parecem nossos e não são. Eles são herdados. Se parar para analisar, é bem provável que você consiga identificar alguns comportamentos seus que podem ser semelhantes aos dos seus pais.

Outro fator que aparece com frequência, mas que muitas pessoas escondem por medo de parecer vulneráveis, são os traumas. Desde os menores até os mais profundos. É comum, inclusive, ter medo de mexer nos traumas, medo de precisar encarar o que aconteceu. Porém o trauma já aconteceu. Ele é real. Está ali. E tudo bem ser vulnerável, porque é justamente assumindo essa posição que é possível resolver e crescer.

Todos esses pontos, por outro lado, representam os registros invisíveis que fazem parte dos seres humanos. Individualmente, você possui os seus. Se quer crescer, se quer mudar, se quer impactar multidões, precisa acessar os seus *registros invisíveis*. Precisa olhar para os comandos mentais que operam em silêncio, de modo escondido. E, para isso, é preciso reprogramar a mente.

Reprogramar a mente é:

- Ensinar ao cérebro que não precisa mais proteger você de algo que não existe;
- Mostrar ao cérebro que há um novo lugar em que pode caminhar com segurança;
- Trocar o código do medo pelo código da clareza;
- Atualizar o sistema;
- Sair do automático;
- Escolher com consciência o que vai sentir, viver e conquistar.

Uma metáfora simples para ilustrar essa programação errada: imagine o cérebro como um GPS (Sistema de Posicionamento Global ou Global Positioning System). Esse sistema, que utiliza satélites para determinar a posição de um objeto na superfície do planeta Terra, precisa estar atualizado, porque, se não estiver, não terá o melhor caminho para chegar aos destinos, pois as ruas, avenidas, campos etc. podem ter mudado. Se o seu cérebro é como um GPS, quando está com o programa antigo, podemos concluir que está com o sistema desatualizado. Ao colocar o destino ao qual quer chegar, é possível que esse GPS até consiga direcionar a trajetória, mas não será a *melhor* para atingir o objetivo. Pode envolver uma estrada esburacada, inexistente ou perigosa. Pode colocar você em enrascadas. E muitas vezes existem estradas novas, mais atuais e mais fáceis que podem ser consideradas para chegar aos mesmos lugares. Ou seja, se você está com o cérebro (ou GPS) rodando com o programa errado (ou desatualizado), você não terá acesso ao melhor caminho para atingir os seus objetivos.

Foi pensando nesses programas e no funcionamento do nosso cérebro que cheguei à metodologia que você está conhecendo aos poucos e verá em detalhes nos próximos capítulos. Poderia falar que a construção desses passos foi simples – algo que aconteceu do dia para a noite, ou enquanto fazia uma viagem de carro com a minha esposa, Mirian –, mas não foi bem assim. Eu diria que foi como está descrito em uma cena do filme *I Can Only*

Imagine, gravado em 2018 e dirigido por Jon Erwin e Andrew Erwin, cuja história fala sobre Bart Millard, que é vocalista da banda cristã MercyMe.

Ali, é possível conhecer mais sobre a origem de Bart e da canção "I Can Only Imagine", fenômeno mundial desde o seu lançamento, em 2001. Com uma infância difícil no Texas, a vida de Bart é marcada por um relacionamento complicado com o seu pai e o abandono da mãe. Ele, portanto, cresceu em um ambiente cercado pela violência emocional e física, mas que passa por uma reviravolta surpreendente quando o pai descobre uma doença terminal e Bart o perdoa. Depois de perder o pai, ele, que sempre havia buscado refúgio na música, sente-se inspirado a escrever a canção, que fala sobre o céu e o reencontro com Deus e familiares, simbolizando essa jornada espiritual.

Nisso tudo, uma cena chamou muito a minha atenção. Depois de perder o seu pai e escrever a canção, em um processo que havia mostrado para algumas pessoas a sua produção, ele recebe uma ligação de Amy Grant, cantora, compositora e atriz norte-americana que está interessada em regravar a música. Enquanto conversa com Bart, ela diz: "Você não escreveu essa música em dez minutos. Levou uma vida inteira", em tradução livre.[7] É assim que eu me sinto e fico arrepiado em escrever essas palavras.

Poderia contar a você que, ao estudar tanto sobre o funcionamento do cérebro, cheguei às respostas mais simples de modo rápido. Mas isso não seria verdade. Tive que pensar diferente, decidir diferente, agir diferente e desbloquear para chegar à consciência da tomada de decisão e à mudança. Foi um processo. Longo, algumas vezes dolorido e difícil. Demorei uma vida inteira para chegar aos passos que você encontrará nos próximos capítulos. Acredito que comecei a escrever este método quando ainda estava na barriga da minha mãe, e então quando nasci e precisei sobreviver dentro da incubadora. Tive que desenvolver consciência de tudo o que acontecia na minha vida para que pudesse, assim, desbloquear o que você encontrará aqui a partir de agora. Precisei encarar cada teto como um portal de mudança, e decidir abrir a porta para enfrentar o desconhecido. E isso se deu ao longo de toda a minha vida.

---

7 I CAN only imagine. Direção de Andrew Erwin e Jon Erwin. Santa Mônica: Lionsgate, 2018. 1 filme (88 min). ["You didn't write this song in ten minutes. It took a lifetime."]

De fato, não posso prometer que será simples. O último passo, que você encontrará no capítulo 8, é a ação (agir diferente). É exatamente aqui, no entanto, que todos tentam mergulhar para poder ter resultados – e a maioria falha. Se querem mudar de vida, em geral, as pessoas decidem que, a partir do próximo dia, farão algo completamente novo e diferente. Ou seja, partem para a ação. No Réveillon, aliás, temos um momento de muitas promessas de ação que são deixadas para trás. Por quê? Focar a ação não é caminho, principalmente se não cuidar dos programas anteriores que precisam ser trocados para que essa ação faça sentido. E quais são eles? Consciência (capítulo 4), desbloqueio (capítulo 5), pensar diferente (capítulo 6) e decidir diferente (capítulo 7). Apenas depois que gabaritar esses comandos você chegará à ação (capítulo 8).

É preciso subir o nível de consciência para descobrir os impedimentos que não o deixam ser um líder que impacta multidões. É preciso avaliar o que está acontecendo com você, quais são os problemas que vive e por quais motivos eles não estão sendo transpostos até então. A vida que vale a pena é aquela em que você consegue impactar multidões a fim de que elas alcancem a vida que merecem, o que requer ser exemplo de resultado e de dedicação. Ou seja, é preciso ser protagonista.

Com tudo isso, você não precisará mais "falar alto" para ser ouvido. Não precisará forçar o seu posicionamento para ser respeitado. Será visto de modo claro, respeitoso e direcionado para o objetivo que quer. O ambiente responderá de modo automático à mudança pela qual você passará. Você não viverá mais em função de uma agenda lotada, consumido por compromissos, terá mais liberdade. Ficará livre para falar os "nãos" que mudam o jogo e os "sins" que transformam a jornada e geram resultados.

A sua transformação será tão profunda, tão intensa, que tudo ao seu redor será transformado também: os colaboradores, os clientes, os parceiros, os familiares, os amigos e os liderados. Por isso acredito na importância da transformação pessoal para que se possa impactar multidões. E essa transformação está em você, não no outro. Ainda é possível fazer muito, e, com o tempo que tem disponível, poderá construir tudo aquilo que ainda não conseguiu.

Por último, antes de avançar para o próximo capítulo, quero que saiba que o que vamos fazer a partir de agora é *simples*, *poderoso* e *transformador*.

NÃO SE TRATA DE TENTAR MAIS. TRATA-SE DE PENSAR DIFERENTE, DECIDIR DIFERENTE E REPROGRAMAR A ROTA.

LOADING... ATUALIZE SEU PODER DE LIDERANÇA

@juliopereira.oficial

Essas são as palavras que vão definir a jornada. E falo isso em meus cursos e palestras porque é a verdade. Já ouvi de inúmeros alunos que aplicaram o que ensinei e depois voltaram para contar que, apesar do medo inicial, realmente havia sido simples, poderoso e transformador. O que vou ensinar será básico, porém exigirá reflexão e coragem. Reflexão a fim de que você olhe para si mesmo e coragem para fazer isso de modo verdadeiro. E, assim, decida mudar.

Nas próximas páginas, portanto, se for possível, quero pedir que você "entre de modo limpo" para encarar essa jornada. "Nossa, mas o que significa isso, Júlio?", você pode estar se perguntando. Se vai aprender a instalar um código novo, é comum que o seu cérebro, a partir do sistema de defesa, tente sabotar o que vai aprender. É bem provável que ele tente falar que não vai funcionar, que não é para você ou que não vai conseguir. É natural que várias janelinhas se abram em sua mente indicando "risco de vírus". Esse processo é normal porque o cérebro tem medo do novo, assim como expliquei anteriormente. O seu sistema pode, inclusive, travar. Se acontecer, fique tranquilo, reinicie o programa com uma boa noite de sono e volte à reflexão que estava fazendo. Essa máquina também pode dar erro e apresentar conflito. Se isso acontecer, desligue e ligue novamente. Então, leia sem amarras e sem impedimentos.

Retomando algo que comentei na introdução: posso fazer muito por você. Na verdade, posso fazer tudo. Se me permitir, posso ajudá-lo a mudar a sua vida. Se não me permitir, a única coisa que me resta é respeitá-lo.

Mas peço que confie em mim.

Desbloqueie o próximo nível

Escolha uma área da sua vida em que você sente que está travado e rodando com o programa errado. Pode ser trabalho, relacionamentos, saúde, dinheiro etc. Agora, reflita:

1. No fundo, o que você acredita sobre essa área da vida?

Exemplo: "No fundo, acredito que não sou bom o suficiente para fazer a empresa crescer". Liste tudo que vier à mente, sem filtros. Deixe sair, mesmo que pareça irracional. Esses pensamentos são pistas do "programa" que está rodando no fundo da sua mente.

2. Em seguida, observe os padrões.

O que se repete? De quem você ouviu isso pela primeira vez? Esse pensamento é realmente seu ou foi instalado por alguém (pais, escola, sociedade)?

3. Escreva uma nova linha de comando.

Escolha um pensamento que você quer instalar no lugar. Um código novo. Algo que impulsione, não paralise. Exemplo: "Eu posso aprender o que for necessário para fazer a empresa crescer. Eu sou capaz". Em posse desse novo código, repita-o a si mesmo para internalizar que essa é a verdade sobre você. Nos próximos capítulos, você aprenderá com mais detalhes como alterar esses programas.

CAPÍTULO 4

PASSO 1: CONSCIÊNCIA

O que está custando a sua paz pode ser apenas um pensamento não percebido.

Há algum tempo, recebi em meus treinamentos um personal trainer que morava em uma zona mais afastada de Santos, cidade do estado de São Paulo. Em uma de nossas conversas, ele contou que sua rotina funcionava assim: todos os dias, ao amanhecer, saía de casa para viajar por uma hora até o outro lado da cidade, onde aconteciam os atendimentos dos seus alunos. Passava o dia ali e, depois de escurecer, quando finalmente terminava de dar aula para o último aluno, viajava novamente por mais uma hora até chegar à sua casa. Descansava pouco, dormia, acordava, e a rotina recomeçava, com pouco mais de duas horas de viagem diariamente para poder trabalhar.

Quando perguntei a ele por que não procurava uma casa perto do trabalho, ele comentou que era impossível, porque o faturamento com os alunos era pequeno se comparado ao valor do aluguel perto da orla da praia de Santos, que era onde atendia, por isso morava mais afastado e fazia as viagens diárias. Acreditava que estava economizando com essa lógica, e precisávamos investigar a fim de ver se isso realmente fazia sentido. Pedi, então, que ele fizesse alguns cálculos, trazendo para mim o valor que ganhava por hora/aula e o valor do aluguel de um apartamento em que gostaria de morar, agora mais perto dos seus alunos. Se ele gastava duas horas viajando diariamente, precisávamos ter clareza de que, se atendesse mais dois alunos por dia, então faria sentido se mudar.

E realmente foi o que imaginei. Com os números em mãos, descobrimos que a diferença do valor do aluguel do apartamento que ele queria de frente para a praia, ao lado de onde atendia os alunos, era inferior ao valor que ganharia caso se mudasse de casa e pudesse agendar mais atendimentos nessas duas horas diárias. Ou seja, valia mais a pena se mudar para perto e ter mais dois alunos por dia, totalizando dez atendimentos na semana e praticamente quarenta atendimentos dentro de um mês. Nesse total, o que ganharia seria muito superior à diferença dos aluguéis. Uma semana depois, ele havia fechado o contrato do novo apartamento e estava morando do lado do trabalho, já fazendo movimentações para captar novos alunos que estavam aguardando espaço na agenda.

Hoje, além de morar de frente para a praia e atender muitos alunos presencialmente, ele criou um curso on-line para rentabilizar ainda mais seu negócio. E por que tudo isso aconteceu? Posso resumir com uma única palavra: *consciência.*

Nós só podemos mudar aquilo que enxergamos. Ele só poderia mudar aquilo que pudesse olhar, observar, entender e avaliar. Essa é a consciência. Consciência é clareza. Para entender melhor, imagine-se em um navio enorme, navegando em águas calmas. Quando decide para onde ir, você pode escolher a sua direção durante o dia, enquanto o Sol ainda está cobrindo o planeta Terra e você está enxergando tudo, ou durante a noite, quando está escuro e não há boa visibilidade. À noite, se decidir seguir mesmo sem enxergar, é possível que pare em uma ilha que estava no meio do caminho, a não ser que haja um farol iluminando o caminho. Isso é consciência. É decidir navegar durante o dia, enquanto ainda há visibilidade, ou navegar durante a noite se puder utilizar um farol para direcioná-lo.

A consciência é importante porque precisamos *enxergar* para mudar. Se estamos fazendo algo e queremos ter resultados diferentes, precisamos enxergar o que está acontecendo aqui e agora – com consciência – para que possamos mudar a rota. Consciência não é peso, é caminhar no escuro sem medo de tropeçar.

Para o personal trainer que fez o meu treinamento faltava consciência. Ele estava tomando decisões pautadas em achismo, pois nem sabia exatamente o que mudaria caso estivesse morando mais perto dos alunos. No fim, os resultados se multiplicaram a partir da consciência. E o que lhe possibilitou fazer isso? Transformar o "escuro" em um espaço de clareza, em vez de um espaço desconhecido.

O TEMPO NÃO É O PROBLEMA; O PROBLEMA É O QUE VOCÊ NÃO VÊ ENQUANTO VIVE NO PILOTO AUTOMÁTICO.

LOADING... ATUALIZE SEU PODER DE LIDERANÇA

@juliopereira.oficial

Ele assumiu a responsabilidade pela transformação na própria vida depois de analisar com consciência o que estava acontecendo e quais eram as suas opções. Saiu do piloto automático, decidiu-se pela mudança com consciência. Isto resume tudo: não mudamos quando sofremos; mudamos quando enxergamos. O sofrimento provoca acomodação, assim como aconteceu na história que contei no capítulo 1, a do cachorrinho que ficava sentado em cima do prego ao lado do seu dono. A consciência, por outro lado, é o que dá a possibilidade de novos horizontes. E existem dois fatores importantes a partir daqui: a consciência do que está acontecendo e a consciência de que existem outros caminhos.

Vejamos um exemplo. Imagine que você é um empresário e quer aumentar o seu faturamento em 5 milhões de reais para o próximo mês. Para muito além do passo a passo prático – como a análise dos produtos e serviços, a criação de metas, novos canais de atendimento e como impulsionar as vendas –, há um programa instalado em seu cérebro que precisa acompanhar a mudança para que a nova meta se concretize. Caso contrário, você e a empresa empacarão. Talvez exista algo em seu sistema que não deixa que você chegue a esse patamar de resultados. Às vezes, em sua história pessoal pode existir algo que vai impedi-lo de alcançar o resultado pretendido. Sem consciência do programa, do modo como você opera e do que está acontecendo, não há como atingir o resultado. Em seguida, depois da clareza, chega o momento de entender que existem, sim, outros caminhos que podem ajudar você a atingir o objetivo. Até porque, se existem outros empresários que já conquistaram esse valor, isso significa que há um passo a passo a ser executado. O problema, portanto, muitas vezes não está no que precisa ser feito, mas em quem você precisa se tornar a fim de atingir o que quer.

Para tanto, é preciso sair do piloto automático da estrutura emocional. É como se você estivesse pilotando um avião e decidisse avançar apenas com o piloto automático ligado. O avião está voando, mas não é você que está controlando o destino. Para chegar aos novos resultados, é preciso segurar o manche e conduzir o caminho. É preciso olhar para a sua mente e entender como ela funciona, o que pode estar impedindo você. Quanto mais mudar a mente, mais descobrirá (com *consciência*) quais são os impedimentos para que possa mudar a rota. Assim, tomará atitudes diferentes das que tem tomado até agora, poderá fazer algo que nunca fez e chegar a lugares aonde nunca chegou. Mudará o rumo ao elevar a consciência.

E como é possível ter *consciência*? O melhor caminho é seguir a tríade da tomada de consciência.

A TRÍADE DA TOMADA DE CONSCIÊNCIA

Existem três conceitos fundamentais que precisam ser seguidos. São eles: *parar e interromper o ciclo*, *observar sem julgamento* e *agir com intenção.*

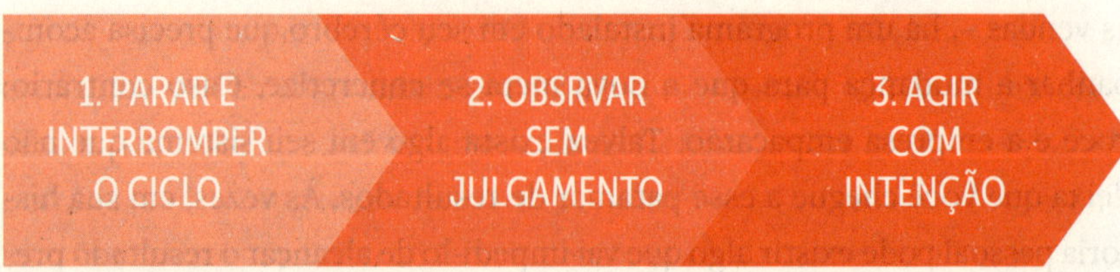

1. PARAR E INTERROMPER O CICLO

Você não se torna consciente fazendo mais; se torna consciente interrompendo o piloto automático. Ou seja, precisa parar aquilo que está fazendo de modo automático para que possa elevar a sua consciência, assim como aconteceu no caso do personal trainer. Vamos, então, a outros exemplos do dia a dia.

Se você está procrastinando de manhã e sabe que isso acontece porque acorda logo cedo e a primeira coisa que faz é pegar o celular e ficar ali sem sair da cama, é preciso interromper esse ciclo. Amanhã, assim que o despertador tocar, você vai *parar* de fazer o que fazia e seguir uma rota diferente, indo direto para o banho, por exemplo. Se você é um líder que sabe ESTAR procrastinando semana após semana para realizar uma tarefa porque está com medo de aquilo não sair como gostaria, amanhã você VAI *parar* de procrastinar e colocar o primeiro passo dessa tarefa em prática.

Ao *parar e interromper o ciclo*, é possível ter consciência de tudo aquilo que estava escondido e não levava aos resultados desejados.

2. OBSERVAR SEM JULGAMENTO

Para explicar o conceito, quero contar uma história pessoal, que aconteceu comigo e com a Mirian em 2017, quando fomos assistir ao filme *A cabana*, dirigido por Stuart Hazeldine e baseado no livro homônimo de William P. Young. O filme conta a história Mack Phillips, um pai que fica completamente atormentado depois de levar seus três filhos para acampar em um parque nacional e passar pela tragédia de ter a filha mais nova, Missy, sequestrada por um assassino em série conhecido por raptar e matar meninas pequenas.

Entre as investigações, a busca incessante e o desespero de Mack, há um indício que muda tudo: o vestido de Missy, a pequena garota de 6 anos, é encontrado ensanguentado em uma cabana abandonada na floresta, mas o corpo permanece desaparecido. Depois disso, Mack mergulha em uma crise muito profunda de fé, até que recebe um bilhete misterioso convidando-o a visitar a cabana e assinado como "papai", apelido que a sua esposa usa para se referir a Deus.

Curioso, ele decide ir até lá e encontra três figuras bem intrigantes: Papai, que, na verdade, é uma mulher, muito acolhedora e amorosa, e é a representação de Deus; Jesus, que é um carpinteiro do Oriente Médio e a representação do filho de Deus; e Sarayu, uma mulher cheia de sabedoria e muito serena, que é a representação do Espírito Santo. Juntos, eles são a Santíssima Trindade, e ao lado deles Mack passa um fim de semana em que precisa confrontar a dor, a raiva, o desespero, a frustração e a culpa que sente pelo que aconteceu com Missy. Precisa revisitar o seu passado, questionar o sofrimento humano e aprender mais sobre perdão, amor e redenção.

Agora que você já viu os detalhes mais simples da história do filme, vamos ao que aconteceu conosco.

Quando foi lançado no cinema, em 2017, decidimos ir até o Cine Roxy, em Santos, para ver a produção. Ao entrarmos na sala, percebemos que o local estava muito vazio, com pouquíssimas pessoas para assistir ao filme no horário que havíamos escolhido. Assim, na parte do meio da sala e fileira central, eu estava sentado ao lado da Mirian, sem mais ninguém ao meu lado. Depois do corredor, na parte lateral do cinema e exatamente na fileira correspondente à nossa, estava um casal, e na fileira atrás deles, duas mulheres com uma criança. As demais cadeiras estavam desocupadas.

Conforme o filme foi passando, percebi que algo naquele núcleo da lateral estava acontecendo. Uma das mulheres que estava na fileira anterior estava com o pé na cadeira do casal, incomodando-os, o que fez uma briga se instalar. De repente, começaram a falar alto, com empurrões e montes de pipoca sendo jogados, até que as três mulheres que estavam na fileira de atrás decidiram trocar de lugar, e o casal, que permaneceu ali, começou a discutir. Tudo isso enquanto o filme acontecia, e a Mirian, pelo que percebi, não tinha notado a confusão.

Quando finalmente consegui voltar a prestar atenção no filme, estava passando exatamente esta cena: em uma caverna, Mack conversava com Sabedoria, personagem interpretada por Alice Braga, que pedia que ele se sentasse em sua cadeira para julgar as pessoas. Ela dizia: "Hoje, você é o juiz. Por que está surpreso? Você passou a vida inteira julgando tudo e todos, as suas ações e as suas motivações. Como se você os conhecesse. Você faz julgamentos rasos, só pela cor de pele de uma pessoa. Pelas roupas, pela linguagem corporal. Por conta disso, você tem experiência em julgar, Mackenzie".[8]

Nesse momento, Mack se senta na cadeira da sabedoria e precisa encarar a vida como ela é, precisa ocupar o lugar do juiz e decidir quem merece o céu ou o inferno. Precisa refletir sobre julgamento, perdão e a complexidade nas decisões divinas. E ali, enquanto assistia àquela cena, percebi que eu, que trabalho com desenvolvimento humano há décadas, estava julgando o que estava acontecendo na fileira ao lado sem nem ao menos entender; sem considerar de onde aquelas pessoas vieram, o que aconteceu com elas, por qual motivo os seus comportamentos eram assim. Foi uma lição para mim.

---

8 A CABANA. Direção de Stuart Hazeldine. São Paulo: Paris Filmes, 2017. 1 filme (132 min).

OBSERVAR SEM JULGAMENTO É O PRIMEIRO PASSO PARA SE LIBERTAR DAS AMARRAS INVISÍVEIS QUE LIMITAM O SEU CRESCIMENTO.

LOADING... ATUALIZE SEU PODER DE LIDERANÇA

@juliopereira.oficial

O julgamento, ao tomar consciência do que está acontecendo, não pode existir. Tanto para si mesmo quanto para o outro. Não temos sabedoria para identificar o que motivou cada pessoa a tomar determinadas atitudes, assim como as pessoas não têm sabedoria para entender as suas motivações. O julgamento exige explicações, e muitas vezes é justamente nessa tentativa de explicar que mora o impedimento que não o deixa seguir em frente.

Observar sem julgamento, portanto, é manter uma postura de neutralidade. Não se compare; descubra o que está acontecendo e tente olhar para as situações como um observador externo que apenas entende o contexto e a situação, sem dar as cartas do que é certo ou errado, bonito ou feio, justo ou injusto. Então reflita: o que você está fazendo agora? Se estiver procrastinando, observe essa atitude com neutralidade, sem julgar. Tente entender por qual motivo está procrastinando. E faça isso com tudo o que descobrir no processo de tomada de consciência. Sem julgamentos. Apenas neutralidade.

3. AGIR COM INTENÇÃO

O terceiro e último conceito para tomada de consciência é escolher de modo intencional, isto é, partir para a ação com intenção. Uma vez que conseguiu parar e interromper o ciclo, assim como observar o que está acontecendo sem julgamentos, você pode colocar intencionalidade em suas ações para atingir os resultados que deseja, pois estará livre para dar os próximos passos e fazer diferente. Estará livre para pensar em sua liderança ou em seu negócio de modo ativo, sem reatividade. Assim você começará a desbloquear e ter vontade de mudar o caminho, pois estará dando as cartas, decidindo por conta própria e agindo naquilo que verdadeiramente precisa de movimento.

Um exemplo bem simples que posso trazer para este item está no fato de que sou paraquedista profissional e, desde o meu primeiro salto, decidi que faria isso sozinho, sem nunca ter feito um salto duplo. Hoje, já coleciono 350 saltos sozinho e tomei essa decisão porque queria ser intencional com o esporte, queria eu mesmo ser o responsável por ativar o dispositivo que abriria o paraquedas. E essa é uma ação com intenção.

Ter consciência a partir dos três níveis é, então, aprofundar o autodesenvolvimento para decidir os próprios caminhos. É ser um observador extremamente lúcido da própria história de vida. É conhecer a si mesmo, avaliar o que acontece, pausar os ciclos que não estão levando aos resultados, observar sem julgamentos e agir com intenção.

ALÉM DA SUPERFÍCIE

Quando falamos sobre o processo de tomada de consciência, é verdade que conseguimos avaliar apenas parte do que fazemos. Isso por conta dos programas que rodam em nosso cérebro de modo inconsciente. Muito do que decidimos, das atitudes que tomamos e das ações que colocamos em prática é feito de modo automático, sem plena consciência. Isso significa, portanto, que não deixamos de tomar atitudes em direção aos resultados que desejamos por falta de vontade, mas porque são processos decisórios não inteiramente controlados por nós. Não temos consciência desses programas que estão rodando em nossa mente.

O mais curioso, porém, é que a maior parte dessas decisões está escondida, como em um iceberg. A ponta, a menor parte do iceberg, é o que vemos para fora da água, na superfície. O restante, a maior parte, é o que fica embaixo do mar. O que está escondido é imenso, infinitamente maior do que o que está exposto. Na nossa vida acontece a mesma coisa.

A maior parte das nossas decisões não são tomadas de modo consciente. O que está por baixo, escondido na água, são as nossas decisões inconscientes, que não controlamos diretamente; o que está para fora da água é aquilo que controlamos. Precisamos enxergar além da superfície. Dessa forma, para avaliar melhor o modo como você tem conduzido a sua liderança ou a sua empresa ou a sua vida, é preciso ir para baixo da superfície do mar. Esse é o próximo nível de escolha na tomada de consciência que preciso que você tenha.

Já ouvi de inúmeros empresários ou líderes que queriam vender mais, mas não conseguiam aumentar as vendas. A estratégia escolhida, no entanto, aquela que está abaixo do nível de consciência visível, não estava funcionando. O programa instalado estava errado. Existiam problemas para abordar a equipe, o cliente, montar as metas, conduzir os processos e muito mais. Consegue entender como ter consciência do que está acontecendo é algo muito mais profundo do que apenas decidir agir diferente?

Ao desenvolver consciência, é possível parar de reagir e passar a responder ao que acontece de modo intencional. Agir é diferente de reagir. Sem consciência, é impossível chegar à ação, à vida extraordinária que se quer construir. É impossível impactar multidões com a sua mensagem e com o que faz. Para mudar isso, é necessário olhar para si, para o que tem feito até então. É preciso se observar um pouco mais, aprender, estudar e executar mais – e de modo diferente – para que se chegue aonde quer. É indispensável parar para analisar o que está acontecendo e olhar com outros olhos para as situações, assim como Roberto Tranjan explica em seu livro *Metanoia*.

Com a história de Lucas, um empresário com a vida falida que enfrentava diversas dificuldades, podemos entender melhor o processo de tomada de consciência. Tudo muda em sua história quando conhece um líder que mostra uma maneira de liderar muito mais centrada nas pessoas.

Ali, Lucas é desafiado a rever como enxergava a empresa e o mundo, transformando sua maneira de pensar a partir de um processo de metanoia, que é "desenvolver um pensamento superior sobre o mercado, os negócios, a empresa, o cliente, a liderança, a equipe. É entender que um negócio é uma maneira de contribuir para o mundo. Isso exige uma nova mentalidade. É expandir a consciência e ver a empresa de forma sistêmica, orgânica, viva, inteira, dotada de corpo, mente e alma".[9] E tomo liberdade para ressaltar um ponto importante: a expansão de consciência.

Tranjan explica que estarmos íntegros, inteiros, tem tudo a ver com a tomada de consciência: "A verdadeira educação começa com a expansão da consciência. Sem a tomada de consciência, uma pessoa não está inteira". Mesmo porque "a vida não começa quando se nasce. Começa quando se desperta. Quando adquirimos a consciência de nós mesmos e sentimos que alguma coisa mudou no mundo, na nossa maneira de ver, na forma de nos relacionarmos e na vontade de nos entregarmos e servir".[10]

---

9 TRANJAN, R. **Metanoia**: uma viagem de transformação em busca de uma nova forma de encarar os negócios e a vida. Rio de Janeiro: Sextante, 2016.

10 *Ibidem*.

Despertar a consciência é ir abaixo da superfície, onde estão os verdadeiros comandos da sua jornada.

O meu convite à consciência, portanto, parte do princípio de que, ao se tornar um ser humano melhor, você será um empresário, um líder e uma pessoa melhor. Então avalie os seus comportamentos, o que tem acontecido com você. No meu caso, uma das primeiras atitudes que tenho para iniciar o processo de tomada de consciência é observar os meus comportamentos repetitivos. Se estou fazendo algo de determinada maneira por muito tempo sem me questionar se aquilo é bom ou ruim para os meus objetivos, provavelmente entrei no piloto automático e parei de privilegiar a tomada de consciência. Isso é sinal de que há um programa errado instalado em minha mente que precisa ser substituído.

Fique atento: se você começar a repetir comportamentos sem se questionar, é porque precisa retomar a consciência dos seus atos. A consciência é a chave que abre portas para uma nova realidade nos negócios e na vida. A liderança consciente é aquela que serve, escuta e transforma antes de comandar, pois não existe crise que resista à consciência.

Esse é o movimento que acordará o gigante que existe em você. E quem é ele? O líder que está aí dentro, adormecido, pronto para despertar e começar a jogar o jogo.

CONSCIÊNCIA NÃO É PESO, É LIBERDADE; POIS PERMITE AGIR COM INTENÇÃO, E NÃO POR REPETIÇÃO.

LOADING... ATUALIZE SEU PODER DE LIDERANÇA

@juliopereira.oficial

Desbloqueie o próximo nível

Imagine que durante os próximos sete dias uma pessoa invisível o observará em silêncio. Ela não vai interagir com você, não vai perguntar nada. Vai apenas acompanhá-lo no trabalho, em casa, nas redes sociais, nas conversas, nas decisões e nos silêncios.

Ela prestará atenção em tudo! O que você foca, como fala com os outros, do que reclama, o que celebra, o tempo que dedica a cada atividade, o que o deixa irritado, o que o move e o que paralisa.

Pare e responda com sinceridade, ao fim dos sete dias:

- Segundo essa pessoa, quais são os seus valores?
- Quais diria que são as suas verdadeiras prioridades?
- O que ela perceberia como seus amores verdadeiros (e quais são as coisas que, segundo ela, você só diz amar)?
- Ela veria coerência entre o que você fala e o que você vive?
- E o mais importante: diria que você está crescendo... ou só repetindo?

Escreva as respostas como se estivesse fazendo um relatório confidencial sobre si mesmo. Em seguida, leia como se estivesse escutando informações sobre alguém que não conhece. Então pergunte-se: "Essa é a vida que quero continuar vivendo?".

Se a resposta for "não", reveja o que anotou, tome consciência sobre cada um dos pontos e comece o processo de mudança.

CAPÍTULO 5

PASSO 2: DESBLOQUEIO

Soltar o que pesa não é fraqueza. É a única forma de seguir leve.

Quando há algo que não está funcionando na vida, resultados que não chegam, uma empresa que não consegue avançar, uma liderança que não consegue engajar, uma vida pessoal despedaçada ou outras questões que fazem parte da nossa existência, ou seja, em qualquer âmbito da vida, penso que existem dois caminhos possíveis: o primeiro deles é enganar a si mesmo, não encarar a verdade, gritar, espernear, chorar, romper com tudo, brigar com todos e ficar completamente descompensado pelo que aconteceu; e o segundo caminho é encarar (com consciência) e *desbloquear*. Esse será o nosso tema a partir de agora.

O desbloqueio está diretamente ligado à coragem. Você precisa ter *coragem* para encarar o que acabou de tornar consciente. É necessário olhar para dentro e reconhecer: "Isso que estou carregando já deveria ter sido deixado para trás há muito tempo". Esse é o momento do desbloqueio. Mas, como você pode imaginar, sem consciência não há desbloqueio, porque não é viável perceber o peso carregado, que já não serve mais para você. Por outro lado, ao adquirir consciência, você entenderá que precisa soltar, saber liberar o que quer que seja que o esteja prendendo à vida e aos resultados indesejados.

A grande questão, porém, é que apenas *saber* não basta. Não é suficiente. É preciso coragem para se perguntar se você tem mais medo de quem é agora ou de quem pode se tornar. O verdadeiro medo, para muitos, está no que virá. No futuro, no que é desconhecido e representa insegurança. E é justamente por isso que desbloquear é essencial: é um movimento que exige *disposição* para mudar completamente o jogo. Passar a dar as cartas, a colocar o que se quer na mesa, tirando o peso que o prendia e o fazia permanecer exatamente no mesmo lugar, assim como aconteceu comigo na viagem que fiz em 2015, para Santiago de Compostela, na Espanha.

Também conhecido como Camino de Santiago, essa é uma rota milenar de peregrinação que termina na Catedral de Santiago de Compostela, na Galícia, Noroeste da Espanha, local em que estão os restos mortais do apóstolo Santiago Maior, que, segundo a Bíblia, foi um dos apóstolos que se destacou ao lado de Jesus e ficou conhecido como "Boanerges", cujo significado é "filho do trovão", uma indicação designada a ele por seu zelo e intensa paixão pelo que fazia.[11]

Apesar de ter raízes cristãs, o caminho que percorri ao lado de Mirian atrai pessoas de todas as religiões e dos mais variados lugares do mundo, porque é a verdadeira representação do autoconhecimento, da espiritualidade (independentemente de qual seja), da superação e da conexão com a natureza. No meu caso, confesso, decidi fazer a jornada porque fui convidado pela Mirian, que queria muito passar por essa experiência.

Além disso, outro ponto interessante dessa jornada é que existem algumas rotas possíveis para chegar à Compostela. Entre as mais conhecidas estão o Caminho Francês, que começa em uma pequena cidade da França de apenas 1,5 mil habitantes chamada Saint-Jean-Pied-de-Port,[12] fundada no fim do século XII, seguindo por aproximadamente 800 km até Santiago; o Caminho Português, que se inicia em Lisboa ou no Porto, variando entre 600 km e 240 km de caminhada respectivamente; o Caminho Primitivo, que é o mais desafiador e cheio de subidas e descidas, partindo de Oviedo, uma cidade da Espanha, e alcançando o destino depois de aproximadamente 300 km; e o Caminho do Norte, que é mais longo, com mais de 800 km pela costa, e se inicia em Irún ou Hondarribia, no País Basco.[13] Nossa escolha foi o Caminho Francês, e os peregrinos costumam

---

11 VALVA, A. Os Irmãos Boanerges. **Facasc**, Santa Catarina, v. 38, n. 2, 2023. Disponível em: https://facasc.emnuvens.com.br/ret/article/view/1800. Acesso em: 3 jun. 2025.

12 ST. Jean Pied Port. **Pela Europa de Trem**, 2020. Disponível em: www.pelaeuropadetrem.com/saint-jean-pied-de-port. Acesso em: 2 jun. 2025.

13 O CAMINHO de Santiago do Brasil. **Pilgrim**, [2025]. Disponível em: www.caminhodesantiago.online/. Acesso em: 4 jun. 2025.

TODA CRISE É UMA BIFURCAÇÃO: OU VOCÊ SE SABOTA, OU SE LIBERTA.

LOADING... ATUALIZE SEU PODER DE LIDERANÇA

@juliopereira.oficial

caminhar entre 20 e 30 km por dia, iniciando antes do nascer do sol e parando próximo ao meio-dia para dormir.

Quando decidimos fazer essa jornada, lembro-me de que fui pesquisar exatamente quanto deveria carregar de peso em minha mochila, considerando que estaria nas minhas costas ao longo de todo o percurso, e a recomendação era, no máximo, 10% do peso corporal. Ou seja, para alguém com 100 kg, o ideal é que a mochila tenha, no máximo, 10. Partindo desse número, separei o que levaria e fiquei com a seguinte organização: três shorts, três calças, três camisetas e quatro meias. Todos os dias, ao acordar, escolhia um short ou uma calça, uma camiseta e uma meia, e colocava para iniciar a caminhada. Os outros itens, então, ficavam guardados. Ao chegar ao espaço em que almoçaríamos e dormiríamos, porém, precisava lavar a roupa que havia usado para que pudesse usar novamente. Durante a noite, ela secaria e seria guardada na manhã seguinte para reiniciar o processo. Com essa quantidade, eu estava no máximo de peso que poderia carregar. Estava no limite. Assim, nos primeiros quilômetros, como você pode imaginar, deu tudo certo. Um tempo depois, comecei a sentir dor nas costas e nos joelhos, porque estava carregando o limite do que poderia.

Quando o cansaço já era grande, refleti sobre o seguinte: por qual motivo estou carregando três shorts, calças e camisetas se preciso de apenas dois itens de cada? Se estou lavando o que utilizei ao chegar ao local em que vamos dormir, não preciso de tantos itens. Era excesso de zelo. O máximo que poderia acontecer era a roupa não secar na manhã seguinte e eu precisar deixá-la pendurada do lado de fora na mochila para que fosse secando ao ar livre enquanto caminhávamos. Se considerasse um cenário ainda "pior", o máximo que poderia acontecer era utilizar a mesma roupa que já havia usado. Ou, ainda, poderia parar na próxima cidade e comprar o item que faltasse.

Em outras palavras: estava tudo certo. Não tinha que carregar tudo aquilo de peso. Na ansiedade de não passar o peso total, decidi carregar o máximo que aguentava, e isso me prejudicou no longo prazo. Então, para conseguir atingir o objetivo, precisava *liberar peso*, isto é, *desbloquear* o que estava me travando. Andar com menos roupas na mochila não estragaria o meu caminho, não faria com que eu não conseguisse finalizar o percurso.

Muito pelo contrário. Embora achasse que era necessário, na realidade só estava travando o meu processo de conquista. O peso estava me bloqueando ao não me permitir ficar leve o suficiente para avançar. Então separei em um pequeno saco a roupa limpa, com uma calça, uma camiseta e um short, e deixei em um cantinho da estrada com uma indicação para alguém que precisasse. Assim segui com 1/3 a menos de peso na mochila para concluir o percurso. Deu certo e foi muito mais leve.

Meu questionamento agora é: o que você tem carregado que está fazendo peso desnecessário em sua jornada e não o está deixando atingir os objetivos que deseja? Qual é o desbloqueio que você precisa fazer para ficar mais leve e ser o líder que vai impactar multidões? Quais são os impedimentos que estão afetando a sua vida pessoal e profissional e precisam, com urgência, ser desbloqueados?

OS TRÊS TIPOS DE PESO

Para que haja desbloqueio, existem três tipos de peso que precisam ser soltos e deixados para trás. São eles: o peso emocional, o peso mental e o peso comportamental. Cada um deles pode atuar de modo silencioso, porém intenso, nos impedindo de seguir em frente com leveza e clareza do objetivo.

PESO EMOCIONAL

É o mais profundo e, muitas vezes, o mais difícil de identificar. Envolve todas as emoções que foram acumuladas, reprimidas ou ignoradas ao longo do tempo, assim como mágoas não resolvidas, tristezas antigas, raiva contida, culpa, vergonha, ressentimentos, decepção, frustração e muito mais. Esses sentimentos, quando guardados, se tornam um peso que impede o desbloqueio. Apesar de não serem visíveis na superfície, continuam influenciando pensamentos, escolhas e reações, ou seja, influenciando tudo aquilo que você faz. Por outro lado, enquanto as emoções não forem acolhidas, compreendidas e liberadas, elas continuarão puxando você alguns passos para trás, como se fossem uma âncora invisível que não o deixa desbloquear.

Assim, a pergunta a que você precisa responder para lidar com o peso emocional é: faz sentido segurar emoções do passado? Se o que aconteceu está no passado, guardar essas emoções na mochila é completamente desnecessário. Se você está triste demais, irritado demais, com muita dúvida ou ansioso demais, provavelmente está carregando um peso emocional. Com a consciência disso, é possível liberar o peso emocional.

PESO MENTAL

São os pensamentos que você tem ao longo da vida. Vamos imaginar o meu exemplo. Quando decidi escrever este livro, tive inúmeras dúvidas, com muitos pensamentos diferentes passando pela minha mente como em um fluxo contínuo: *Será que dou conta? Será que vou conseguir me organizar? E se o leitor não gostar do conteúdo que vou apresentar? Será que o livro vai transformar a vida desses líderes e empresários?* Eram como "pensamentos intrusivos" que me geravam sensações desagradáveis e me bloqueavam. Em suma, me travavam na escrita do livro.

Esse peso, em geral, é formado por pensamentos repetitivos, crenças limitantes que carregamos ao longo da vida, julgamentos e narrativas que construímos ou absorvemos sobre nós mesmos, os outros e a vida. São os diálogos internos, por exemplo, que não cessam, falando que não somos suficientes, que não vamos conseguir. São vozes internas que nos prendem ao estado atual em que nos encontramos e não nos deixam ficar "leves" e desbloquear.

E como se livrar disso? Vou usar novamente a minha lógica: a fim de escrever o livro, precisei listar cada um desses pensamentos para tomar consciência deles. Em seguida, tive que organizar o que precisava fazer para que se calassem. Por último, foi necessário colocar as ações em prática. Mando embora cada novo peso mental que aparece com a certeza de que estou fazendo o que é certo.

Liberar o peso mental é dar espaço para o novo. É gerar em si mesmo a sensação de liberdade, completude e certeza de que você está mais leve para fazer o que precisa ser feito. Inclusive, com a liberação do peso mental, você está também liberando o peso emocional, afinal eles andam de mãos dadas.

PESO COMPORTAMENTAL

Se avaliar o mesmo exemplo do livro, o peso comportamental que eu tinha antes de iniciar a escrita era procrastinar a organização dos capítulos e a reserva de um horário em minha agenda para que pudesse fazer isso. Estava carregando um comportamento – mesmo que fosse a ausência dele, ou seja, a falta de atitude para a escrita – que me impedia de atingir o objetivo, que era colocar o projeto em movimento. Esse comportamento se repetiu por muitos anos, confesso. Demorei para conseguir tirar o peso comportamental que estava me bloqueando. Mas o fiz. E foi a melhor decisão que tomei.

Desse modo, o peso comportamental são as atitudes e os hábitos repetidos automaticamente, mesmo que já não façam mais sentido, mesmo que não estejam levando você ao que gostaria de ter ou fazer. São comportamentos herdados e formas de agir que pertencem a uma versão antiga sua, mas que você ainda carrega por medo de mudar. É um peso que está presente nas pequenas escolhas do dia a dia, assim como no que você tolera, evita e adia, igual ao que eu fazia com o livro.

Para abandonar o peso comportamental, sugiro coragem. Coragem para agir de modo diferente, para romper ciclos e se permitir experimentar novas formas de ser. Coragem para dar o primeiro passo, mesmo se sentindo inseguro, sem saber exatamente se o chão estará ali para pisar. É esse passo que leva, invariavelmente, aos novos resultados. O comportamento repetido serviu até agora, mas não serve mais.

A jogada de mestre está no fato de que você precisa encontrar caminhos para que os pesos deixem de ser fardos. Esses caminhos nem sempre vêm unicamente do que você faz ou faria, eles podem partir do que é externo, por exemplo, de um profissional que vai ajudá-lo em determinada tarefa, que vai tirar de você o peso que está carregando. Imaginando uma liderança que impacta, por exemplo, na qual temos o líder que carrega o mundo nas costas e está se sentindo muito ansioso porque não consegue fazer a empresa crescer (peso emocional), tem tido inúmeras dúvidas e pensamentos de insegurança porque não sabe por onde começar a expansão (peso mental) e não consegue dar nem o primeiro passo para aumentar as vendas (peso comportamental), poderíamos dizer que uma ótima maneira de aliviar esses pesos seria contratando uma consultoria para determinar o caminho a ser percorrido e ajudar na tarefa, gerando segurança e confiança no processo.

O importante é tirar a tralha. Tirar da frente aquilo que não está ajudando e só está atrapalhando. Tirar o entulho do que não funciona mais e está deixando a sua mochila muito mais pesada do que você consegue aguentar.

É importante reforçar, contudo, que essa tralha muitas vezes aparece disfarçada de lealdade. "Nossa, como assim, Júlio?", você pode estar se questionando. Muitas vezes carregamos pesos enormes porque somos leais ao nosso passado e ao que nos aconteceu, mesmo que isso se dê de modo inconsciente. Essa lealdade pode estar na família, que tinha uma dificuldade financeira e não conseguiu superar, carregando um bloqueio até hoje porque não se pode ser desleal com o que aconteceu com os familiares. Ou pode ser uma lealdade que você carrega dentro de si por conta de algum trauma ou algo que passou. Entre todas as possibilidades de lealdade, é necessário liberar. Seja lá o que aconteceu e o está travando, é preciso soltar, desbloquear. Não é porque a sua família teve dificuldades financeiras que você precisará ter. E, se passou por um trauma muito grande, sugiro voltar aos três pesos para rever cada um dos pontos e desbloquear.

Ainda dentro deste tema, existe o *orgulho* de carregar determinados pesos. Sei que isso fará muito sentido para algumas pessoas e pouco – ou nenhum – sentido para outras, mas faz parte da vida. Quando era tímido, algo que contei anteriormente, tive orgulho de falar que era tímido por um período da minha vida. Era legal? Não. Mas eu tinha orgulho, porque fazia parte da minha identidade. Algumas pessoas carregam pesos que impedem o desbloqueio porque sentem orgulho e não conseguem soltar o que quer que as esteja travando. No meu caso, achava que a timidez era um trunfo. Mas não era. Depois que aprendi a lidar com ela e passei a ser diferente, desbloqueei incontáveis conquistas.

Há, portanto, enormes chances de que você carregue pesos dos quais tem orgulho, mas que na verdade são também âncoras que o impedem de avançar. Talvez seja algo em seu comportamento, em como fala, como lida com as pessoas, nas atitudes que tem, nas atitudes que não tem ou em qualquer outro contexto. Olhe para si mesmo. Será que você tem um orgulho guardado que precisa ser desbloqueado? Pense sobre isso.

Outro ponto importante em relação aos pesos que carregamos está no fato de que muitas vezes o fazemos por medo de decepcionar outras pessoas. Essa é uma trava sutil, muitas vezes escondida bem no fundo da nossa alma, mas que impede que um novo programa seja instalado na mente. Então eu pergunto: para os objetivos que você tem, existe a possibilidade de que você não esteja desbloqueando novas atitudes por medo de decepcionar alguém da sua família? Seus pais, irmãos, tios, filhos, cônjuge ou outro? O medo de decepcionar pode ser combatido com a clareza de que é impossível viver para atender expectativas. Ter medo de decepcionar outras pessoas é, na verdade, o caminho mais curto para decepcionar a si mesmo. Para deixar de ter os resultados que gostaria.

Enquanto o emocional prende você ao passado, o mental o trava no presente e o comportamental o impede de alcançar o futuro.

Por fim, vale lembrar que todo hábito repetido que ainda se mantém dá a sensação de que algo está sendo feito, que há controle; mas esses hábitos do passado, como você já sabe, não fazem a mudança de que você gostaria, não definem quem você é, só definem onde está preso. É hora de deixar os pesos para trás, liberar carga e desbloquear.

COMO DESBLOQUEAR

Estava conversando com um aluno há algumas semanas, e ele me contou que estava com um familiar muito próximo bem doente. Havia recebido um diagnóstico desanimador de um câncer raro, com altos índices de mortalidade, com aproximadamente 80% de chances de óbito e 20% de chances de cura e sobrevivência, considerando outros pacientes avaliados ao longo dos anos. Realmente muito triste, muito desesperador.

O que conversamos, entretanto, é que a chance de cura não é ausente. Ela existe. Então por qual motivo deveríamos focar o índice negativo? Se existem pessoas que passaram pela mesma situação e conseguiram se curar, estão vivendo bem, por qual motivo focar aquilo que é pior? Por qual motivo ficar bloqueado na dificuldade se existe a possibilidade de desbloqueio do que é positivo? Não tem por quê. Assim, era preciso mudar a perspectiva pela qual se olhava o problema.

Sei que esse é um exemplo extremo, mas na vida também lidamos com estatísticas extremas. Infelizmente, o percentual de pessoas que tiveram sucesso é infinitamente menor do que o percentual de pessoas que fracassaram. Infelizmente, o percentual de pessoas que conseguiram alavancar a liderança e passaram a ter os resultados que gostariam é infinitamente menor do que o percentual daqueles que não conseguiram atingir isso. Infelizmente, é a minoria que consegue ter sucesso, liberdade financeira, atingir os objetivos, fazer a empresa crescer e conquistar o que deseja.

Então, volto a perguntar: isso significa que é impossível? Não. É claro que não. Mas é preciso mudar a perspectiva com que se olha os acontecimentos. Você pode se comparar com quem fracassou ou com quem venceu, assim como foi com meu aluno. Pode colocar a régua nos que não deram certo ou nos que deram; a escolha é sua. Para desbloquear, entretanto, já adianto que apenas a segunda opção funciona. O primeiro caminho gerará peso. O segundo gerará direção correta e, consequentemente, leveza. Mude a perspectiva. Olhe para quem atingiu o que você deseja para sua vida e empresa, não para quem fracassou. Se você não atingiu os resultados, é porque ainda não desbloqueou a capacidade para chegar a esse objetivo.

E, para todos esses fatores, é preciso coragem para fechar ciclos e liberar potência.

CORAGEM, CICLOS E POTÊNCIA

Você conhece o mito da coragem? O medo é uma emoção que todos nós sentimos em algum momento, e muitas pessoas acreditam que, para vencer o medo, é preciso coragem. Mas a coragem não é a ausência do medo, é avançar apesar do medo. Ter coragem é atingir um ponto difícil da jornada e decidir seguir em frente, mesmo sem saber exatamente o que o aguarda do outro lado.

Na primeira vez que saltei de paraquedas sozinho, não tinha toda a coragem de que precisava para fazer o salto, mas decidi saltar com medo mesmo. Isso foi o que me deu coragem. Foi o que me ajudou a vencer o medo. Precisa acontecer o mesmo com você. Olhar para dentro e encarar o desbloqueio não é fácil, mas é um ato de coragem até radical, porque vai fazer você mudar muito e avançar apesar do medo que está presente. E, com esse desbloqueio, é possível fechar ciclos e liberar potência.

Partindo do princípio, temos um ciclo, composto de começo, meio e fim, que acontece em determinado período da vida, seja por conta de um projeto, de uma relação ou de uma versão de si mesmo. A sua versão de hoje, portanto, não é a mesma versão do seu ciclo anterior. Estamos a todo momento mudando, nos transformando e iniciando novos ciclos. O que acontece, no entanto, é que muitas pessoas iniciam ciclos e não os terminam. Alguns exemplos clássicos: produtos ou serviços que já não vendem mais e não são tirados de catálogo; contratações que iniciaram dando certo e agora não dão mais, mas não são tiradas da equipe;

projetos que foram começados, nunca foram para a frente e jamais foram encerrados; e por aí vai. Na vida pessoal, o mesmo acontece nos mais variados contextos.

O grande problema está no fato de que não encerrar ciclos acarreta problemas emocionais que podem bloquear você, impedindo-o de sair do lugar. Seja por medo, frustração, insegurança, dificuldade, raiva ou qualquer outro sentimento que esteja aí, não encerrar um ciclo vai gerar um peso – emocional, mental ou comportamental. Muitos ciclos abertos podem ser comparados em uma representação perfeita daquele momento em que você abre o navegador do seu computador, vai pesquisando coisas diferentes e, de repente, percebe que está com vinte abas abertas. Já nem sabe mais o que está ali. Então, é preciso encerrar, fechar essas abas e parar de sobrecarregar o sistema.

Para encerrar ciclos, portanto, indico três movimentos. O primeiro é avaliar e reconhecer quais são os ciclos que precisam ser fechados. O segundo é declarar que esse ciclo se encerrará, ou seja, falar mentalmente para si, verbalizar para outras pessoas e até mesmo deixar como uma anotação visível para que você veja sempre que possível. O terceiro, por fim, é criar um ato simbólico para marcar o momento do encerramento do ciclo, que pode ser uma comemoração, um fechamento com um vídeo ou o que você achar que faz mais sentido para o contexto em que vive. Se não fizer esses três passos, há grandes chances de que o seu cérebro queira voltar ao ciclo anterior.

O ganho? Potência. Ao encerrar ciclos que se transformaram em peso, você estará liberando potência em seu sistema – em sua mente. Ganhará "energia de vida", leveza para fazer algo diferente, a possibilidade de instalar um novo programa que vai levá-lo aonde quiser, sem a limitação de tantas janelinhas abertas e um sistema sobrecarregado.

De fato, desbloquear acontece a partir de uma série de atitudes que exigem olhar para dentro, avaliar, tirar o peso e fazer diferente. Mas agora, com consciência, eu sei que você consegue.

Desbloqueie o próximo nível

Dentro deste tema, é possível desbloquear a partir de um *metaprograma mental*, que são padrões inconscientes que moldam a maneira como você enxerga o mundo, toma decisões e se comporta dentro das interações que vive. Esses padrões funcionam como programas dentro de programas, ou seja, são como "filtros" que organizam a sua experiência de vida. Você pode "hackear" o seu sistema e atingir novos resultados a partir de um metaprograma que está funcionando e será adaptado ao contexto que quer mudar. Para isso, siga os passos a seguir.

Mapeamento dos seus metaprogramas preferenciais

Escolha uma situação qualquer em que teve um resultado extraordinário, se possível até fora do comum. Para essa situação, anote uma das caixinhas de capa grupo:

Abrangência

- ☐ A sua atenção é para o detalhe (micro).
- ☐ A sua atenção é para o todo (macro).

Ação

- ☐ Você tomou iniciativa (proativo).
- ☐ Você esperou que outros tomassem iniciativa ou ficou pensativo (reativo).

Critério de aprovação

- ☐ Você decidiu pelos seus próprios padrões (interno).
- ☐ Você decidiu pensando no que as pessoas pensariam (externo).
- ☐ Você decidiu pensando nos dois critérios (interno e externo).

Modo de fazer

- [ ] Você respeitou as regras.
- [ ] Você estava livre para criar.

Estrutura relacional

- [ ] Você fez sozinho (independente).
- [ ] Você deu as ordens (comandante).
- [ ] Você participou com outras pessoas (participante).

Direção

- [ ] Você buscava algo que desejava (busca do positivo).
- [ ] Você fugia do que não queria mais (fuga do negativo).

Tomada de decisão

- [ ] As decisões eram tomadas de maneira lógica.
- [ ] As decisões eram tomadas de maneira emocional.

A partir de agora, você já conhece os seus metaprogramas preferenciais, aqueles que trazem mais resultados positivos para você. Assim, quando for fazer algo importante, verifique se está cumprindo a tarefa com os seus metaprogramas mais poderosos.

CAPÍTULO 6

PASSO 3: PENSAR DIFERENTE

Liderar o invisível: como pensar antes de o mundo perceber que é possível.

Se você pensa como todos pensam, vai construir o que todos constroem. Mas, se o seu objetivo é impactar multidões, então é preciso ir além. É necessário pensar como alguém que lidera o que ainda é invisível. Essa é a chave. Preciso que você desperte para isso: em algum ponto da jornada, será preciso fazer essa escolha. Você precisará liderar o invisível, e não apenas repetir o que todos já fazem. E o que significa liderar o invisível? É liderar aquilo que ninguém vê. O que ainda não existe. Sustentar um estilo de liderança que nunca foi vivido antes. É nesse movimento – ainda solitário e incerto – que o impacto verdadeiro começa a acontecer.

O livro *Atitude mental positiva*, de Napoleon Hill e W. Clement Stone, lançado pela primeira vez em 1960, fala sobre como o verdadeiro sucesso começa em nossa mente. Para eles, cada indivíduo leva consigo o poder de escolher *o que* e *como* vai *pensar*, interpretando o mundo de maneiras diferentes. É nessa escolha que mora o sucesso e o que determina os resultados. Viver a partir de uma atitude mental positiva é se voltar para o otimismo, a esperança, a fé, a ação e o aprendizado quando se encara os obstáculos. Mas não estamos falando de um otimismo ingênuo, e sim uma força diferente que leva à prática e usa a estratégia para alcançar metas.

> Nossas atitudes moldam nosso futuro. Essa é uma lei universal. O poeta poderia ter nos dito com grande ênfase que a lei funciona sejam as atitudes destrutivas, sejam construtivas. A lei afirma que podemos traduzir em realidade física pensamentos e atitudes mantidos em nossa mente, não importa quais sejam. Traduzimos

> pensamentos de pobreza em realidade tão rapidamente quanto pensamentos de riqueza. Porém, quando nossa atitude conosco é grandiosa e nossa atitude com os outros é generosa e misericordiosa, atraímos grandes e generosas porções de sucesso.[14]

Esse conceito aponta para a mudança de pensamento; pois, em vez de se deixar abalar pelas dificuldades, é possível sempre transformar o que aconteceu em lições e decisões de coragem. Ainda segundo os autores, existem princípios que sustentam essa mudança de mentalidade, assim como ter um objetivo definido, tomar ações com iniciativa, cultivar uma fé verdadeira em si, controlar emoções negativas e contribuir com o sucesso de outras pessoas. É uma lógica simples: "Você é o que você pensa",[15] ou seja, o que a mente pode imaginar e aquilo em que consegue acreditar, ela também pode alcançar, contanto que seja guiada por essa mudança de atitude mental, de pensamento.

O que acontece, entretanto, é que o pensamento é percebido depois que acontece, e não antes. Isso significa que é automático, surgindo da seguinte maneira: em primeiro lugar, o cérebro recebe um estímulo; em seguida, faz nascer o pensamento; por último, o pensamento é percebido por nós. Isso significa, por exemplo, que entramos muitas vezes em fluxos constantes de pensamentos e percebemos apenas depois de um tempo que aquilo estava em curso, e justamente por isso conseguimos controlar o que pensamos apenas depois que essas linhas de raciocínio se iniciaram em nossa mente.

É neste ponto que entra a riqueza de *pensar diferente*: se está repetindo aquilo que não o levará ao resultado que quer, você não chegará lá. É preciso mudar isso, pensar diferente. Você deverá trocar essa trilha negativa por uma trilha positiva, mesmo que seja necessário ressignificar o que apareceu em seu cérebro.

No capítulo anterior, comentei as dúvidas que tinha ao iniciar a escrita do livro. Se reparar melhor, agora conectando ao conceito do pensar diferente, você verá que ressignifiquei a trilha do que estava em minha mente para que eu pudesse desbloquear a atitude que me levaria à concretização do

---

14 HILL, N.; STONE, W. C. **Atitude mental positiva**. São Paulo: Citadel, 2015.

15 *Ibidem*.

livro. Quando vinha o pensamento de que não sabia se daria conta, automaticamente eu transformava isso ao afirmar para mim mesmo que eu já tinha realizado inúmeras coisas e conseguiria fazer mais essa. Ao surgir a dúvida sobre como os leitores perceberiam o que eu ensinaria, automaticamente já alterava o pensamento e afirmava para mim mesmo que a minha experiência é abrangente e poderosa, que já mudei a vida de milhares de alunos e mentorados e que, portanto, poderia fazer isso também em uma obra.

Em termos mais simples, a lógica do pensar diferente é mudar o que está em sua mente com a razão, sem se deixar levar pela emoção e pelo peso do bloqueio que vimos anteriormente.

> Para pensar com exatidão, você deve usar a razão. A ciência de raciocínio ou pensamento exato chama-se lógica. [...] Mas não agimos apenas pela razão. E a ação baseada no senso comum é o resultado de mais que razão apenas. Depende de hábitos de pensamento e ação, intuições, experiências e outras influências, tais como tendências e ambiente.
>
> Uma das teias de aranha do nosso pensamento é supor que agimos apenas pela razão, quando, na realidade, cada ato consciente é resultado de fazer o que queremos. Tomamos decisões. Ao raciocinarmos, há uma tendência para chegarmos a conclusões favoráveis sobre os fortes impulsos internos de nossa mente subconsciente.[16]

Para Hill e Stone, a lógica dessa mudança de atitude mental poderia ser descrita como se carregássemos um talismã em nosso pescoço: de um lado, existem as iniciais AMP, ou atitude mental positiva; do outro, as iniciais AMN, ou atitude mental negativa. Todos os dias, ao acordar, sair para trabalhar, lidar com o trânsito, resolver os problemas da equipe, tomar decisões na liderança, falar com as pessoas, cuidar das urgências e tomar atitudes de modo geral, você pode escolher fazer isso com o talismã virado para o lado AMP ou AMN. Essa escolha só cabe a você.

---

16 HILL, N.; STONE, W. C. **Atitude mental positiva**. São Paulo: Citadel, 2015.

Muitas vezes, estamos com o talismã virado para AMN. Nem sempre é possível ficar a todo momento com o lado AMP ativo. A grande essência, no entanto, de entender essa diferença de atitude está no fato de que você pode escolher viver muito mais com a face AMP virada para cima. Pode escolher, inclusive, ter essa mudança sempre que toma consciência de que estava fazendo de outra maneira, a partir do AMN. A lição, portanto, é sempre cuidar para que o seu talismã esteja virado para uma atitude mental positiva, mesmo que você precise constantemente virá-lo no início.

> Esse talismã invisível tem dois poderes incríveis: o de atrair riqueza, sucesso, felicidade e saúde e o de repelir essas coisas – privá-lo de tudo o que faz a vida valer a pena. É o primeiro desses poderes, a AMP, que permite a alguns homens subirem ao topo e lá permanecerem. É o segundo que mantém outros homens por baixo durante toda a vida. É a AMN que puxa outros homens para baixo quando eles chegam ao topo.[17]

Por outro lado, entendo também que pensar diferente, a mudança de paradigma e a escolha de uma nova atitude mental perante a vida pessoal e profissional envolvem um estímulo emocional para além dos já visitados até aqui: consciência e desbloqueio. Pensar diferente é algo que precisa acontecer a partir de pequenos passos. Sentiu que está mantendo um padrão de pensamento negativo? Preste atenção nisso e vire o seu talismã. Percebeu que está avaliando o que aconteceu a partir do que é pior? Com cuidado e aos poucos, vá mudando essa postura.

Isso acontece porque as pessoas tendem a pensar exatamente as mesmas coisas. Algumas, eu diria, nem pensam. A maioria apenas repete. Repete o que já fez, o que herdou, o que deu certo no passado, as frases prontas que ouviu, os conceitos que não são seus e muito mais. Como líder, entretanto, para que você possa impactar multidões e construir os resultados que deseja, esse padrão de repetição não funciona. Em uma das frases atribuídas

17 HILL, N.; STONE, W. C. **Atitude mental positiva**. São Paulo: Citadel, 2015.

a Henry Ford (1863-1947), que foi um empresário e engenheiro importante, fundador da Ford Motor Company e o primeiro a aplicar a linha de montagem em sua empresa, temos o seguinte: "Pensar é o trabalho mais difícil que existe. Talvez por isso tão poucos se dediquem a ele".

Acredito que é por isso que poucas pessoas atingem o sucesso. Pensar é algo que dá trabalho, gasta energia e é difícil. Na maior parte das vezes, repetimos padrões de pensamento porque fazem parte do caminho mais fácil para o nosso cérebro. Em contrapartida, é muito mais fácil repetir uma frase pronta, copiar uma metodologia, aplicar um exercício que já foi feito por outro, tentar construir novos resultados repetindo o que já não funcionou. Se você está me entendendo, para quem quer ser uma pessoa diferente, um líder que impacta multidões, pensar diferente é a carta que muda completamente o jogo. É o que diferencia os que atingem os objetivos dos que fracassam. Para engrenar nesse processo, contudo, é preciso ser intencional.

NÍVEIS PARA REPROGRAMAR PENSAMENTOS

Talvez você não saiba (ainda!), mas a Programação Neurolinguística nasceu de uma combinação inusitada: a união entre um analista de sistemas, Richard Bandler, e um professor de linguística, John Grinder. Conta-se que a ideia surgiu em uma conversa informal entre os dois, em um local superdescontraído. Gosto de imaginar que foi assim, com Grinder afirmando para Bandler: "Sou muito bom com linguística", e o outro: "Sou muito bom com lógica". E, então, veio a pergunta que deu origem a tudo: "E se uníssemos a lógica dos computadores com a linguagem usada pelas pessoas? Será que não conseguiríamos ensinar uma maneira de comunicação e pensamento mais eficiente para gerar resultados diferentes?".

E assim nasceu a base da PNL, um modelo de organização da linguagem humana com estrutura lógica, voltado para transformar padrões mentais e comportamentos. Nada do que a PNL apresenta foi exatamente "inventado". Ela é fruto de observação, descoberta e sistematização de estratégias mentais e linguísticas que já existiam. Em outras palavras, nasceu da capacidade de *pensar diferente*, de olhar para algo comum com uma lente nova.

Se estamos considerando que no nosso cérebro temos programas, é a partir de novos programas que vamos pensar diferente. Como? Quero que pense em alguns níveis de pensamento e como você deve mudar cada um dos estímulos e respostas a partir de agora. Sugiro, ainda, que deixe um marcador exatamente nesta página para todos os momentos em que estiver com uma atitude mental negativa a fim de avaliar a melhor maneira de mudar a perspectiva para algo otimista.

NÍVEL 1: PERCEPÇÃO

O primeiro nível trata de mudar o modo como você interpreta os fatos. O fato, em si, é neutro; o objetivo, incontestável. É o mesmo para todos. Se você estava na cozinha e deixou cair um copo, o fato é: o copo caiu. Ponto-final. A diferença entre as pessoas, no entanto, está em como cada uma *lê* esse fato, pois é aí que mora o impacto real da mudança de percepção. Vejamos um exemplo.

Imagine que você vende um produto, a sua equipe fez um contato com um cliente e ele não fechou o negócio. Esse é o fato. Ele não comprou, não contratou, não levou o produto. Diante disso, existem algumas linhas de pensamento que podem existir, entre elas, vou dar exemplo de duas:

1. "Eu não sou bom o bastante, é por isso que ele não fechou."
2. "Esse cliente não era o perfil ideal para o meu negócio. Talvez eu precise comunicar melhor a minha proposta para atrair o cliente certo."

No primeiro caso, temos uma linha de pensamento desatualizada, errada, que ignora a sua experiência, as outras vezes que tentou e conseguiu. Ignora também a complexidade da situação. Já no segundo exemplo, temos um pensamento mais alinhado com a realidade. É uma interpretação refinada dos fatos, é o pensar diferente. Então é nesse nível que é possível dar o primeiro passo para transformação dos resultados: mudando a maneira como enxerga o que acontece. Mudando a *percepção*.

NÍVEL 2: LINGUAGEM

Aqui estou me referindo ao modo como nos comunicamos conosco, pois as palavras que usamos têm um poder imenso, mesmo que você não perceba – ou saiba. Palavras são como facas afiadas: moldam emoções, pensamentos e comportamentos. E o nosso cérebro, como a máquina incrível que é, responde diretamente ao que repetimos com frequência, sobretudo se essa repetição vier acompanhada de carga emocional. Assim, quanto mais forte é a emoção e maior a repetição, com maior velocidade o cérebro vai registrar aquilo como verdade absoluta.

Por esse motivo é preciso rever a linguagem interna. Para fazer esse movimento, existe um exercício simples, mas poderoso, que tem como base substituir frases negativas ou limitantes por *perguntas ou afirmações construtivas*. Em vez de dizer "Eu não consigo fazer nada direito", diga "Como posso fazer isso dar certo?". Perceba quão sutil é a mudança, que, por sua vez, ativa a mente em direção à solução.

Outro exemplo: em vez de repetir "Eu sou assim mesmo", que é uma afirmação típica da mentalidade negativa fixa, prefira: "Neste momento da minha vida, eu estou assim". Isso abre espaço para a transformação.

Por último, quero que considere mudar uma palavra-chave que ajuda demais nesse ajuste de pensamento. A palavra "tentar", por exemplo, coloca você na zona de ambiguidade. Ou você faz ou não faz. Tentar é um meio-termo que não gera ação concreta. Assim, use "eu vou fazer", reforçando o compromisso e direcionando o seu cérebro para a execução.

NÍVEL 3: MODELO MENTAL

O terceiro e último nível para a reprogramação dos pensamentos é cuidar do modelo mental. Nesse ponto, a proposta é alterar o sistema de crenças e ideias que sustenta as suas escolhas. Em geral, esse sistema está desatualizado e pautado em premissas antigas, limitantes ou herdadas. Para evoluir, você precisa instalar um novo sistema mental, um modelo que oriente decisões de modo mais *inteligente* e *alinhado* com os resultados que deseja alcançar.

Em um modelo mental antigo, por exemplo, temos que "para crescer, é preciso trabalhar demais". Esse pensamento está enraizado em uma lógica de esforço excessivo e exaustão. Já o modelo mental atualizado entende que "para crescer, é preciso trabalhar direito". Isso significa usar estratégia, inteligência e intenção, assim como pensar melhor antes de agir. É outra mudança sutil, mas traz resultados poderosos para a maneira como você conduz a sua vida e o negócio.

Esses pontos, portanto, fazem parte do coração do pensar diferente. São camadas interligadas que conduzem a um novo modo de pensar. E eu pergunto: você prefere o conforto do que conhece ou a liberdade do que pode se tornar?

Essa é a reflexão para colocar em prática. Pensar diferente pode até parecer difícil, mas sabe o que é realmente difícil? Viver preso aos mesmos comportamentos e padrões que o trouxeram até aqui. Difícil é repetir os mesmos erros, enfrentar os mesmos problemas, apagar os mesmos incêndios e continuar entregando para a sua família uma vida que você mesmo não gostaria de viver.

Difícil não é pagar imposto. É não conseguir pagar um plano de saúde para os seus filhos. É chegar ao fim do mês sempre com a sensação de que faltou tempo, energia, dinheiro e presença. Difícil é avaliar que, embora haja muito esforço, você ainda está no mesmo lugar. Então, vamos ser honestos: o que custa mais caro, pensar diferente ou continuar vivendo igual?

SEJA UM LÍDER QUE OLHA ALÉM

Imagine que você está em uma floresta, à noite, sem lua, completamente no escuro. Você não enxerga nada ao seu redor. Então, acende uma lanterna, daquelas com o feixe concentrado, que não ilumina tudo, apenas um ponto específico. Quando aponta a lanterna, o que vê da floresta? Apenas o ponto iluminado naquele instante, dentro daquela pequena circunferência de luz. Se você muda a direção da lanterna, o foco se desloca. O que estava iluminado antes, escurece. E, se quiser enxergar aquele ponto antigo novamente, precisa voltar com a luz para aquele espaço anterior.

Os nossos pensamentos funcionam da mesma maneira. A mente é como uma lanterna: não consegue iluminar tudo ao mesmo tempo. Só conseguimos focar um pensamento por vez, e esse foco é o que determina a experiência que vivemos. Por isso, é essencial aprender a direcionar conscientemente a "lanterna" da mente. Escolher deliberadamente onde quer colocar a atenção. Em seguida, com a mesma consciência, definir aonde ela não deve mais ir.

SUA MENTE É COMO UMA LANTERNA NA FLORESTA: ELA NÃO ILUMINA TUDO, MAS PODE TRANSFORMAR QUALQUER ESCURIDÃO, DESDE QUE VOCÊ DECIDA PARA ONDE APONTAR.

LOADING... ATUALIZE SEU PODER DE LIDERANÇA

@juliopereira.oficial

Para mudar o modo como pensa e apontar a lanterna para um novo foco, é preciso adotar uma postura mental diferente. Não dá para manter os padrões de pensamento e seguir tentando defendê-los o tempo todo. É necessário treinar uma nova forma de enxergar o mundo. Você precisa ser um novo líder, um novo ser humano. Então, a lógica deve se inverter: em vez valorizar os problemas, o ideal é valorizar as soluções, buscando várias possíveis para cada obstáculo.

Quero que enxergue este tópico, portanto, com seriedade. Pensar diferente é saber olhar o todo. Em qualquer evento de que participo como aluno, não presto atenção apenas no conteúdo. Observo tudo: por que colocaram um copo de água no palco, por que o palestrante mudou o tom de voz, por que a iluminação ficou mais intensa. No meu caso, estudo o sistema, não apenas o ponto específico. Mantenho um olhar universal sobre o que está acontecendo. Como líder ou empresário, você precisa fazer o mesmo, em todas as esferas, liberando energia, observando, entendendo e fazendo mais conexões. Aí mora o verdadeiro poder: no olhar sistêmico, e não no pensamento fragmentado.

Essa é a liderança que pensa diferente. Esse é o empresário que muda a mentalidade e foca o sucesso. Quando mudar a maneira de pensar, mudará o modo como o mundo responde a você. E lembre-se: a motivação verdadeira para pensar diferente só aparece quando finalmente se entende o custo de permanecer igual. E esse custo em geral é muito alto. Estamos falando de um negócio que faliu, um casamento que não deu certo, uma empresa que perdeu oportunidades e muito mais. Uma vida inteira que se passou.

Então, a minha sugestão é: não espere a dor chegar para pensar diferente. Não espere o desespero para agir em cima do que tem pensado. Escolha, por conta própria, pensar diferente. Cresça por inteligência, não por trauma.

Desbloqueie o próximo nível

Com papel e caneta na mão, quero que reserve alguns minutos em um lugar tranquilo. Como primeiro passo, liste três pontos importantes da sua vida em que você sente que está "preso" em um padrão de pensamento negativo.

Para cada ponto, responda com sinceridade:

- Qual é o maior problema que esse padrão antigo tem gerado para mim?
- O que já perdi por manter esse jeito de pensar e agir? (Considere tempo, oportunidades, pessoas, saúde, dinheiro, paz etc.)
- Se continuar agindo e pensando do mesmo jeito nos próximos seis meses, o que provavelmente ainda vou perder?

Agora, o próximo passo será avaliar os ganhos envolvidos na mudança.

- O que eu ganharia se começasse a pensar diferente e agir de forma nova?
- Como minha vida poderia melhorar?

Por último, reflita:

- O custo de continuar como estou é maior ou menor do que o esforço de mudar?
- Estou disposto a fazer o que for preciso para evitar perdas maiores?

Uma dica: guarde este exercício. Sempre que sentir vontade de voltar ao velho padrão, releia as suas respostas. Use esta reflexão para se lembrar do motivo pelo qual pensar diferente é tão importante.

O TALISMÃ DA SUA ATITUDE MENTAL PODE SER A CHAVE PARA O COFRE DA ABUNDÂNCIA OU O CADEADO QUE TRANCA O SEU PRÓPRIO POTENCIAL.

LOADING... ATUALIZE SEU PODER DE LIDERANÇA

@juliopereira.oficial

CAPÍTULO 7

PASSO 4: DECIDIR DIFERENTE

Suas escolhas estão moldando quem você será. Mesmo as que você não percebe.

A pessoa que somos aparece nas escolhas que fazemos diariamente. O empresário, o líder que somos também fica visível em nossas escolhas, atitudes e decisões. Você é notado pelas decisões que toma. Se forem majoritariamente negativas, será visto como uma referência negativa. Se forem majoritariamente positivas, será visto como uma referência positiva.

É comum conhecermos pessoas por suas características únicas positivas, como liderança inteligente, arrojada, humana e que supera limites. Assim como também é comum conhecermos aquelas que são vistas por pontos negativos, como liderança egoísta, autoritária, insensível às necessidades dos outros e movida pela vaidade (em vez de por propósito). Em ambos os casos, o que marca não é apenas a presença e o impacto que essas pessoas deixam nos ambientes por onde passam, mas também as *decisões* que tomam.

Robert Dilts, autor best-seller, professor e um dos grandes nomes do desenvolvimento da Programação Neurolinguística no mundo contemporâneo, modelou os chamados *níveis neurológicos*, que ajudam a analisar e compreender o comportamento humano para identificar a maneira como reagimos às situações e para que possamos, em contrapartida, mudar e decidir diferente. Ou seja, o objetivo é avaliar todas as dimensões da nossa existência, desde o ambiente físico, por exemplo, até o nosso propósito e a nossa identidade, fazendo uma análise profunda e complexa de como esses níveis influenciam o nosso comportamento e o que fazemos.

Nessa descoberta, Dilts chegou à conclusão de que existem seis níveis que nos influenciam, partindo da base de uma pirâmide e avançando para o topo: ambiente, comportamento, capacidade, crenças, identidade e espiritualidade. Veja a imagem.

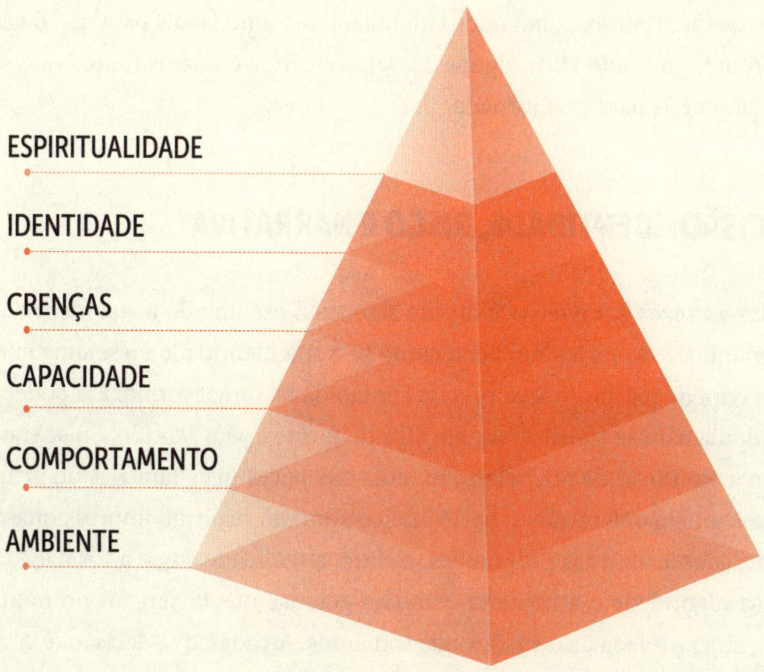

Desse modo, temos na base o *ambiente*, pois o contexto social em que estamos inseridos muda a maneira como decidimos. Em seguida, *comportamento*, porque as nossas ações, mesmo as menores, também estão conectadas ao que queremos atingir, portanto precisamos dar atenção ao modo como nos comportamos. Para o nível neurológico da *capacidade*, temos o desenvolvimento de novas habilidades para que as decisões sejam mais fáceis de serem tomadas. Em *crenças*, temos os valores nos quais nos apoiamos e aquilo que acreditamos sobre nós mesmos, ou seja, a maneira como nos referimos sobre nós. Em *identidade*, temos a percepção de nós mesmos e a noção de quem somos. Por último, com a *espiritualidade*, temos o sentido que damos à vida e, portanto, a maneira como tomamos decisões e a partir do que acreditamos. Nesse nível você responde a duas perguntas importantes: "Para quem mais eu sou importante?" e "Quem são as pessoas que eu influencio?".

Para a PNL, entender a pirâmide dos níveis neurológicos é uma ótima maneira de ser efetivo na mudança de caminho a partir de novas decisões. E aqui, neste capítulo, como quero impulsioná-lo ainda mais para que decida diferente, pretendo abrir alguns desses conceitos e outros tantos que são fundamentais para essa jornada.

DECISÃO: IDENTIDADE, RISCO E NARRATIVA

Todas as vezes em que você decide algo, está esculpindo a sua identidade no mundo. Essa lógica funciona como se a sua identidade fosse uma enorme pedra de mármore, que precisa ser lapidada, tomar forma. Ela pode ser esculpida para se transformar em algo disforme e sem sentido, ou se transformar no David de Michelangelo, uma das peças mais famosas do artista renascentista que retrata o herói bíblico com um realismo impressionante. Guardadas as devidas proporções, é claro, a realidade é que a formação da nossa identidade e a maneira como as pessoas nos enxergam no mundo está, sim, atrelada às decisões que tomamos. A cada nova decisão, é como se essa peça de mármore tomasse uma pequena martelada para delinear melhor o próprio formato. Como tomamos incontáveis decisões ao longo do dia – e da vida –, estamos a todo momento esculpindo o modo como somos vistos e percebidos.

Mas o que é, afinal, uma decisão? Será que decidir é simplesmente um ato lógico? A resposta é "não". Decisão não é lógica. Ou, pelo menos, não é *só* isso. Decidir vai além de pesar prós e contras ou fazer contas. Trata-se de identidade. De quem você é. De riscos, ou seja, quanto você está disposto a arriscar e, ao mesmo tempo, da narrativa que envolve a sua trajetória, bem como a história que você conta para justificar o caminho que escolheu.

Apesar de acharmos que é um fato, não nos decidimos apenas pelo "sim" ou pelo "não". Decidir é um processo muito mais profundo e complexo. Eu diria que é um mergulho em quem você é de verdade, como enxerga o mundo ao seu redor, o que tem dentro de você e muito mais. Decidir é, portanto, um processo muito humano.

E vale lembrar, é claro, que essas decisões envolvem tudo o que está ao seu redor. Envolvem, por exemplo, a maneira como você se comporta em uma reunião, suas atitudes dentro de casa, o modo como trata seu cônjuge, a maneira como dá feedback aos seus funcionários, como ensina, como lida com o trânsito, como conversa, como fala com o garçom em um restaurante e muito mais. Tudo o que fazemos envolve as nossas decisões, que participam do processo de esculpir a nossa identidade e quem somos, bem como a maneira como somos vistos.

Justamente por isso é importante entender o processo da tomada de decisão e passar a decidir diferente. Ao fazer isso, você estará esculpindo o seu mármore para ser um líder que impacta multidões, para que chegue ao próximo portal como tanto gostaria.

Vamos aprofundar agora aos três principais elementos que fazem parte de uma tomada de decisão: identidade, risco e narrativa.

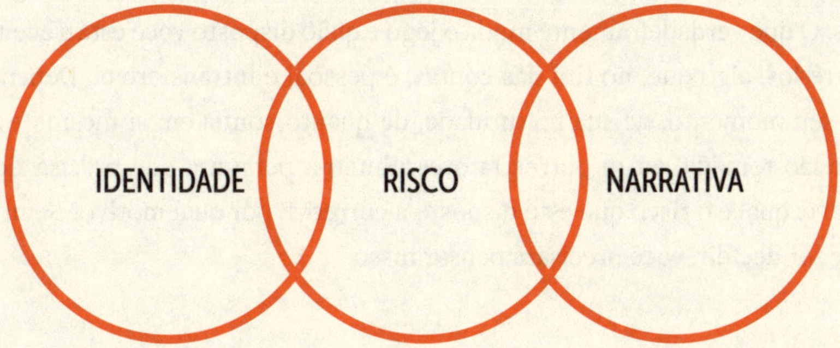

IDENTIDADE

Toda e qualquer decisão carrega as marcas de quem a toma. É impossível tomar decisões em um lugar de neutralidade. Decidimos, em contrapartida, a partir de quem somos. As nossas decisões revelam crenças, valores, inseguranças e prioridades. Justamente por isso esse ato molda como você é visto. Identidade forte simplifica decisão complexa. Identidade fraca dificulta decisão simples.

Se valoriza segurança, por exemplo, sua decisão priorizará segurança; se valoriza liberdade, a prioridade será essa. E assim será em toda e qualquer situação. No casamento, nos negócios, com os filhos, com o time, na vida financeira e mais. Antes de decidir, portanto, vale refletir: quem é você e como essa decisão reflete a sua identidade?

RISCO

Escolhas envolvem custos, mesmo que não sejam imediatamente visíveis e percebidos pelos outros. Quando decidimos algo, estamos abrindo mão de outras escolhas, e isso faz parte do processo natural de tomar uma decisão, o que, por sua vez, envolve riscos. Se existem dois caminhos possíveis, há os riscos inerentes de cada um deles. Se você é um líder que toma uma decisão importante relativa ao processo de crescimento da empresa, por exemplo, há o risco de errar, de se arrepender, de se frustrar e de dar errado, assim como também há o risco de dar certo, de alavancar o negócio, de fazer a equipe ter um desempenho muito melhor e por aí vai.

O fato é que não há decisão sem riscos, sejam eles positivos ou negativos. O que verdadeiramente muda o jogo é quão disposto você está a aceitar corrê-los, algo que, no fim das contas, é pessoal e intransferível. Depende do seu momento, de sua maturidade, de quanto confia em si mesmo e na decisão tomada, entre outros fatores. Então a pergunta que precisa ficar aqui é: qual é o risco que está disposto a correr? E por qual motivo? Sempre que for decidir, você precisará pensar nisso.

NARRATIVA

Por mais que queiramos que seja um processo independente, de fato não há decisão que se sustente sozinha sem a essência do indivíduo. Precisamos justificar as escolhas que tomamos para nós mesmos e para outras pessoas. É neste ponto que entra a narrativa. Todos nós, ao tomarmos decisões, construímos histórias em cima do que foi decidido para que possamos justificar o que foi feito. Essas histórias têm poder. Elas são as narrativas que contamos para nós mesmos e para as outras pessoas cuja função é *fortalecer* ou *sabotar* o ponto de vista escolhido.

A narrativa é o que dá sentido. Pode ser algo como "decidi tomar essa decisão para que a empresa estivesse mais alinhada ao nosso propósito" ou "decidi finalizar esse projeto porque não estava trazendo os resultados que deveria", mas é importante que tenhamos cuidado com a narrativa porque ela precisa ser coerente com o que estamos construindo. Muitas vezes a narrativa é apenas uma maneira de se sabotar, uma maneira de justificar a falta de atitude, a falta de mudança. Ou ela pode (e acho que deve) ser libertadora no sentido de fazer você chegar aonde gostaria.

Para entender melhor a tríade identidade-risco-narrativa, basta pegar a decisão de finalmente ter iniciado a escrita do meu livro. Enquanto ainda projetava a possibilidade de começar, eu não estava apenas me decidindo pelo "sim" ou pelo "não"; estava refletindo sobre quem sou, se gostaria de ser autor (identidade), se teria tempo, quanto custaria divulgar, se conseguiria ou não vender (riscos), se o meu medo de que o livro ficasse ruim se concretizaria e se as pessoas gostariam da leitura (narrativa).

Percebe, então, como uma simples decisão envolve muito mais nuanças do que imaginamos? É preciso ter sabedoria para lidar com identidade, risco e narrativa na tomada de decisão. E essa lógica vale para todas as áreas e todos os detalhes da vida.

De modo mais prático, o processo de decisão funciona assim:

- Decido a partir de quem eu acredito que sou;
- Decido com base no risco emocional que estou disposto a enfrentar ou não;
- Decido e conto histórias para mim e outras pessoas para justificar o feito.

Pensando, portanto, em uma liderança que está construindo resultados novos, quero trazer dois exemplos que demonstram o poder das decisões a partir desses três elementos. Em um deles, que chamarei de "positivo", temos o processo de decisão totalmente alinhado com o que precisa ser feito, por isso é positivo, uma vez que chega ao resultado. No outro exemplo, que chamarei de "negativo", temos o processo de decisão desalinhado, sem chegar ao que se quer.

POSITIVO

Imagine que temos uma empresária da área de tecnologia educacional que, nos últimos anos, sentiu um chamado forte para empreender em saúde mental após ter precisado enfrentar tempos difíceis com episódios de burnout e ansiedade. Ela percebeu que o cuidado emocional é fundamental, então decidiu criar uma área dentro da própria empresa focada no bem-estar psicológico do ambiente corporativo de outros negócios.

Para a *identidade*, a decisão está alinhada com quem ela se tornou, considerando a transformação pessoal. Assim, a construção de algo novo reflete os seus novos valores, como impacto social, saúde mental e equilíbrio entre vida pessoal e profissional.

Para o *risco*, apesar de saber que essa decisão envolve muitas incertezas, ela está totalmente disposta a abraçar o desconhecido, porque acredita que vai agregar a própria experiência em tecnologia ao lado do fato de que agora é uma verdadeira apaixonada pelo tema. Em outras palavras, está disposta a fazer dar certo.

Para a *narrativa*, a história que repete para si é: "Depois de viver na pele os efeitos da pressão profissional, quero gerar soluções e transformação para que outras pessoas não precisem passar pelo que passei, para que não cheguem ao limite como cheguei". É uma narrativa que impulsiona, que dá força para a tomada de decisão.

Nesse exemplo, o resultado é simples e direto: independentemente dos desafios, a decisão é sustentável e factível. É coerente, as escolhas serão conscientes e a empresária está motivada por algo maior, que a ajudará a se manter firme ao decidir diferente.

NEGATIVO

Agora quero que imagine um empresário, também da área de tecnologia educacional, que quer abrir uma nova área na empresa para o bem-estar psicológico nas empresas. Fez pesquisas, descobriu que é uma boa possibilidade, sabe como fazer, tem as ferramentas para tanto.

Para a *identidade*, apesar de estar na área de tecnologia e ter algum contato com o universo corporativo, esse empresário acaba se deixando levar pelo medo. Medo de não dar certo, medo de estar tomando a decisão errada, medo de não conseguir dar conta e medo de não estar no caminho certo. Não interessa quanto tenha se preparado para isso, sente-se inseguro em relação à decisão e ao caminho que escolheu.

Para o *risco*, mesmo que ache que esse é um bom investimento e que terá retorno porque o mercado está aquecido na área, não sabe se o risco que correrá se pagará no futuro. Tampouco sabe se está disposto a correr esse risco. Não quer oferecer um serviço superficial, quer oferecer o melhor, por isso sente que precisa estar 100% pronto para dar o primeiro passo, fazendo com que o risco de começar despreparado seja alto demais.

Para a *narrativa*, está sempre postergando o primeiro passo. Arruma desculpas para não avançar, diz que não tem tempo, dinheiro e energia, que a equipe não dará conta, que tem dúvidas sobre o caminho. Acredita que agora não é a hora.

Como resultado, o projeto patina. Não vai para a frente, não acontece. Falta atitude, decisão diferente. Falta alinhar identidade, risco e narrativa com o objetivo. E mais: não existe estar 100% pronto para nada. Existe dar o passo inicial e seguir em frente, mesmo estando em um campo de insegurança.

É hora, então, de transformar o modo como decide.

O INÍCIO DA MUDANÇA DO PROCESSO DE DECISÃO

Existe uma atitude simples – mas transformadora – que você pode começar a fazer a partir de agora para iniciar a mudança na decisão e facilitar o processo de atingir os objetivos que deseja: prestar atenção nas frases que começam com "eu sou". Ou seja, tudo aquilo que você diz internamente para si mesmo.

O que acontece é que, todas as vezes que afirmamos "eu sou" seguido de um complemento, seja lá qual for, estamos afirmando algo sobre nós que está totalmente conectado à nossa identidade. É como se estivéssemos dizendo para nós e para o mundo quem pensamos ser. E, acredite, isso molda as decisões, o comportamento e os resultados.

No entanto, isso acontece, muitas vezes, de modo inconsciente e negativo, assim como: "Sou inseguro", "Sou ruim com números", "Sou um líder ruim", "Sou incompetente" e muito mais. São pequenas frases que têm força, que colam em nossa mente e em nossa identidade, influenciando cada passo que damos e como nos comportamos. Com o tempo, é provável que elas se transformem em camisas de força invisíveis que nos prendem.

Se você quer tomar decisões mais potentes, precisa começar por dentro. Precisa construir uma nova base de identidade, uma nova base para o "eu sou", escolhendo, à primeira vista, repetir afirmações positivas que o empurrarão para a frente, que o desafiarão a crescer e mostrarão algo novo e positivo sobre você.

Exemplos:

- Sou um líder que confia na minha equipe.
- Sou uma pessoa que arrisca porque tem direção.
- Sou um empresário que se posiciona com clareza.
- Sou alguém que coloca o necessário acima do confortável.
- Sou um profissional que sabe o valor do que entrega.

A diferença está clara para você? Esses exemplos são comandos internos que mudam a maneira como você se enxerga, como as pessoas o enxergam e, consequentemente, como toma decisões. A grande pegadinha, no entanto, está em achar que primeiro é preciso *sentir* essas afirmações positivas para depois *externalizá-las*. Não. O contrário precisa acontecer. Mesmo sem sentir, você precisa *repetir* essas constatações positivas sobre si mesmo para que o seu cérebro passe a assimilar essa nova identidade e você transpareça isso em suas decisões.

Não é necessário ter sucesso para afirmar que você é uma pessoa que constrói o sucesso. Não é necessário ter resultados para afirmar para si mesmo

A INDECISÃO
É UM LADRÃO
SILENCIOSO: ROUBA
OPORTUNIDADES,
RESULTADOS E O
RESPEITO QUE VOCÊ
MESMO DEVERIA TER
POR QUEM É.

LOADING... ATUALIZE SEU
PODER DE LIDERANÇA
@juliopereira.oficial

que você constrói resultados. Quanto mais repetir o positivo, mais o seu cérebro assimilará e você passará a decidir assim como tal afirmação positiva.

No meu caso, diria que houve um fator determinante que me fez postergar tanto a decisão de escrever este livro. Li o primeiro livro que li por escolha (sem ter sido indicado na escola para leitura, por exemplo) quando tinha 14 anos. Era um livro enorme, com muitas páginas, que falava sobre as pirâmides do Egito. O grande ponto é que, apesar de ter gostado muito da leitura, o tamanho do livro me fez achar que ser autor era um trabalho gigantesco, difícil demais. Então, passei a repetir que eu não era uma pessoa que conseguiria realizar essa tarefa. Depois que entendi o poder dessa mudança de identidade, passei a afirmar que eu era, sim, um autor, que eu conseguiria. Isso fez toda a diferença na realização desta obra.

Então, mude a maneira como você se enxerga e o que repete para si a fim de construir novos comandos mentais.

OS TRÊS NÍVEIS DE DECISÃO QUE TRAVAM OU LIBERTAM VOCÊ

Decidir diferente é o ponto de virada. É o momento em que algo muda, seja na direção, no comportamento ou no resultado. Portanto, vamos conhecer os três níveis que podem travar ou libertar você.

1. DECISÃO EMOCIONAL – TENTAR EVITAR UMA DOR

Essa é a trava mais comum e traiçoeira, pois é a decisão emocional que acaba nos fazendo paralisar. A lógica é simples: evitamos sentir dor, insegurança e desconforto, por isso acabamos decidindo – de modo emocional – com base no medo, na culpa e no apego. A mudança de pensamento acontece, portanto, somente a partir do momento em que você entende que o processo de crescimento dói e é inevitável. Mas ficar estagnado também dói. Manter alguém improdutivo na equipe também dói. Então, se for pensar na dor pela dor, é melhor decidir sem considerar o lado emocional.

2. DECISÃO MENTAL – BUSCAR UMA LÓGICA CONFORTÁVEL

A decisão mental em geral busca uma lógica confortável para justificar a inércia. Nesse nível, a decisão pode parecer racional, mas não é. Até pode parecer sabedoria, mas é apenas medo bem argumentado. Por exemplo, se você sabe que precisa mudar a estratégia da empresa porque o mercado está se transformando, mas fica repetindo que não o fará porque ele está instável, isso pode soar estratégico, mas é uma decisão mental que está buscando uma lógica confortável para justificar o adiamento de uma mudança inevitável.

Repare que, na primeira decisão, você quer evitar a dor. Na segunda, busca criar uma explicação. Mas em nenhuma delas há movimento. Em ambos os níveis, há a trava, a paralisação. Nada muda. Nenhuma delas permite alcançar o portal e impactar multidões. Por isso, chegamos ao terceiro nível de decisão.

3. DECISÃO DE IDENTIDADE – ASSUMIR O PODER

O terceiro e último nível de decisão é diferente. Ele parte de um novo lugar, de uma afirmação de identidade, de quem escolhe quem quer ser e decide a partir disso. Esse é o nível de decisão que liberta. Moram aqui todos os líderes que sabem que crescem mesmo em cenários incertos, que assumem os riscos, abraçam a identidade, afastam as narrativas negativas e fazem acontecer.

Se você acreditar que é uma liderança fraca, desorganizada, azarada ou estagnada, assim o será. Se, por outro lado, acreditar que é uma liderança poderosa, que impacta multidões, que prospera mesmo nos momentos desafiadores, que cresce e faz acontecer, assim o será. Então a minha sugestão é: não aceite um "eu sou" que o limita, crie um que o expanda, que o eleve à sua melhor versão para alcançar seu objetivo.

Decidir diferente é importante porque, com as mesmas decisões, temos também os mesmos resultados. Agora você já tem consciência, desbloqueou e pensa diferente. O que falta é decidir diferente. Colocar em prática ações que vão mudar seus passos daqui para a frente. Se não o fizer, posso garantir que as consequências serão devastadoras. Líderes que não decidem geram paralisação em cadeia, não deixam o time avançar. E o contrário da decisão é a indecisão; portanto, é a dúvida, que não leva a lugar algum. O futuro trava, a empresa sucumbe e os resultados não existem.

DECIDIR É O MOMENTO EM QUE A HISTÓRIA INTERNA VIRA REALIDADE EXTERNA; NARRATIVA, RISCO E IDENTIDADE MOLDAM CADA LINHA DO SEU FUTURO A PARTIR DE AGORA.

LOADING... ATUALIZE SEU PODER DE LIDERANÇA

@juliopereira.oficial

A decisão não tomada tem um preço que pode custar caro no futuro. Hoje, parece irrelevante. Amanhã, pesará mais. Depois, será impagável. Decidir diferente está diretamente relacionado ao que você está deixando de construir, não a quanto está investindo agora (em qualquer mudança) com tempo, energia e dinheiro.

A maioria dos líderes que não estão tendo sucesso acharam que era muito caro começar a decidir diferente, entrar no jogo dos que crescem, mas não analisaram que caro mesmo é o preço a ser pago por ter ficado de fora. Nas oportunidades que perdeu, nos negócios que não fechou, na liberação de tempo que não teve, nos resultados que não colheu.

Aceite o fato: sem decisão, nada muda.

Desbloqueie o próximo nível

1. Liste duas decisões importantes que você está postergando. Exemplos: mudar de área, investir em um novo projeto, se posicionar diante de um conflito, revisar preços etc.

Para cada uma dessas decisões, responda:

- O que exatamente está travando você?
- Qual é o impacto da sua indecisão na vida/equipe/empresa?
- O que está deixando de acontecer por causa dessa paralisia?
- Se essa decisão continuar sendo adiada por mais três meses, qual será o impacto no projeto ou na empresa?
- Qual seria a primeira ação possível para destravar essa decisão ainda hoje?

2. Agora, você deve analisar identidade, risco e narrativa em relação a essas decisões. Faça isso para cada uma delas, conforme visto ao longo do capítulo. Caso perceba que esses fatores são negativos e não o deixarão tomar uma decisão diferente, já reescreva-os a partir de um novo código de pensamento para destravar a decisão.

Decisão 1: ____

Análise de identidade, risco e narrativa:

Decisão 2: ____

Análise de identidade, risco e narrativa:

3. Escreva novas afirmações positivas sobre si para ajudar a impulsionar o seu processo de mudança. Mesmo que não as sinta, repita todos os dias até que se transformem em realidade.

CAPÍTULO 8

PASSO 5: AGIR DIFERENTE

Agir antes de o mundo cobrar é o segredo dos que transformam tudo ao redor.

Todas as pessoas gostariam de acordar em uma manhã qualquer e passar a agir diferente. Infelizmente, isso não é o que acontece. Ou, quando acontece, não funciona. O agir diferente é o passo que as pessoas escolhem dar como se fosse o primeiro. "A partir de hoje, vou agir diferente", elas dizem. Mas, se não passarem pelas outras camadas, não vão chegar ao agir diferente com consistência, pois é impossível fazer isso sem ter percorrido o caminho de *consciência*, *desbloqueio*, *pensar diferente* e *decidir diferente*.

Em *consciência*, mostrei como avaliar as próprias travas; em *desbloqueio*, mostrei como tirar os pesos desnecessários da jornada; em *pensar diferente*, ensinei a importância de uma comunicação mental positiva e como reprogramar pensamentos; e, em *decidir diferente*, falei sobre os elementos necessários para tomar novas decisões.

Em *agir diferente*, é preciso estar pronto para a ação, ter clareza do caminho pelo qual precisa passar. Agir por agir não funciona. Agir para ter a sensação de que fez algo não é o caminho, mesmo que isso gere uma descarga de dopamina, que é o neurotransmissor envolvido no processo de prazer e recompensa. Essa dopamina, no entanto, não é a correta, não dura. A dopamina certa vem da ação intencional, aquela que provém das atitudes que levam você ao objetivo que quer.

A palavra de ordem, portanto, é ação. O mundo só responde a quem age e age antes que ele envie os estímulos. E por quê? Porque, se o mundo responder e enviar os resultados antes de você agir, você não agirá. Reagirá. O líder, então, precisa agir antes de o problema aparecer, precisa antecipar os acontecimentos, porque toda ação que acontece depois de algo que já ruiu se transforma em reação. Você precisou de algo o incentivando a agir, por isso está reagindo. Isso não é liderar, não é cuidar da área ou do negócio, tampouco da vida. Líderes que impactam multidões não são liderados pelas circunstâncias, agem antecipando o que precisa ser feito. Esse é o líder diferenciado e que gera impacto verdadeiro. E se você pode decidir ser um ou outro, qual será?

Usualmente, o que acontece é que as pessoas fazem sempre as mesmas coisas. Tomam as mesmas decisões, agem da mesma maneira. Repetem ações. E já parou para pensar por qual motivo continuam agindo assim, sempre igual? São três motivos.

O primeiro deles é o medo de perder a tal da *estabilidade*. Diria, inclusive, que esse é um dos mitos da vida. Não existe estabilidade. É uma ilusão achar que tudo permanecerá como está, por isso muitas pessoas compram uma ideia que, no fim das contas, paralisa. Só que, por medo de perder algo que nem existe de verdade, preferem continuar no mesmo lugar. Faz sentido? Acredito que não.

O segundo motivo é não ter *clareza do próximo passo*. Aqui falo com propriedade, porque sou "o cara do próximo passo". Trabalho há anos e anos ajudando outras pessoas a darem o próximo passo. Mas, se não souber qual é o próximo passo, como vai sair do lugar? Impossível. Vai repetir o que sempre fez, porque é o único caminho viável.

O terceiro motivo é simples e contraintuitivo: *ambientes* reforçam padrões antigos. Se você está em um ambiente que permanece igual, que não avança, que não constrói novas ações e, por consequência, novos resultados, você também não o fará. Costumamos subestimar o poder dos ambientes, mas eles são determinantes para a maneira como agimos e moldam os padrões de comportamento que temos.

Assim, se o ambiente no qual você está inserido continua dizendo – mesmo que silenciosamente, nas entrelinhas – que é mais seguro manter tudo como está, adivinhe o que acontece? Você permanecerá exatamente assim. E podemos ir além: isso diz respeito não só ao lugar em que você é líder, por exemplo, mas também aos tipos de conversa que tem, às pessoas com as quais passa mais tempo, aos conteúdos que consome e até mesmo aos seus relacionamentos. O ambiente, ou seja, todos esses elementos, pode puxar para a frente ou pode ancorar você no mesmo lugar.

Por isso, a orientação de ordem é: não subestime o poder do seu entorno. O ambiente que não apoia a sua mudança está sabotando você. Mesmo que de maneira sutil, silenciosa e disfarçada de "preocupação" ou até de "proteção".

Agir diferente diante disso significa deixar ir a sua versão antiga, porque você estará fazendo coisas novas e diferentes que já não condizem mais com o seu eu do passado. Ações diferentes geram resultados diferentes. Você estará dizendo, com atitudes, e não palavras, que a sua versão antiga ficou para trás. Estará mostrando ao mundo que não quer mais repetir o que já viveu, que não aceita mais ser conduzido pelos mesmos padrões que antes não deram resultado, que virou a chave, chegou ao teto e decidiu abrir o portal.

O oposto disso, por sua vez, é deixar a versão atual comandar e girar em círculos. Não mostrar ao mundo as novas ações e transformações de um caminho com direção. É apenas sobreviver, seguir sem crescimento. Mas chegou o momento de agir.

JEITOS DE AGIR

O que leva uma pessoa a agir? Existem basicamente duas maneiras. Duas formas de motivar alguém a se mover, até porque motivação traz a junção das palavras poderosas *motivo* e *ação*. Motivação. Ou seja, motivar alguém a agir é dar motivação para que essa pessoa saia da inércia e faça o que é diferente, agora com clareza de um novo caminho. E os dois motivos são esses:

1. Fuga da dor;
2. Busca do positivo.

FUGA DA DOR

A fuga da dor, que está em primeiro lugar, é a forma mais comum de motivação. É bem provável que você se reconheça aqui, porque todos nós, invariavelmente, já fizemos isso.

MOTIVAÇÃO PELA DOR CONSTRÓI MUDANÇAS EMERGENCIAIS; MOTIVAÇÃO PELO GANHO CONSTRÓI LEGADOS.

LOADING... ATUALIZE SEU PODER DE LIDERANÇA

@juliopereira.oficial

Quando algo começa a doer e incomodar, seja financeira, emocional ou profissionalmente, o nosso corpo (e cérebro) se coloca em estado de alerta, como se estivesse com um alarme bem alto ativado e disparando para que você faça algo. Para que mude o caminho, a rota, tome atitudes diferentes.

Esse é um reflexo natural do nosso corpo, assim como acontece, por exemplo, quando você está utilizando o fogão e sem querer passa um dos dedos por cima da chama. O movimento para tirar o dedo é automático, acontece quase sem pensar, porque o nosso corpo está, a todos os momentos, tentando evitar a dor.

Com a nossa vida, nas mais variadas áreas, a lógica é a mesma. A nossa mente grita para mudarmos o caminho sempre que percebe a dor. Por isso também é comum que grandes mudanças da trajetória se deem após crises ou traumas importantes. Depois de uma decepção amorosa ou profissional, por exemplo, assim como depois de um colapso emocional ou financeiro, o desenrolar clássico da situação é não aguentar mais e decidir mudar. Realmente dá certo, mas você só muda porque doeu.

E, como você pode imaginar, esse tipo de motivação funciona para a ação, mas tem um custo: estar sempre correndo atrás do prejuízo, agir apenas no limite, tomar decisões quando a saída parece inexistente, quando o buraco em que está já é tão profundo, que construir o novo é a única alternativa para seguir em frente. Então, você ajusta a rota, muda e age diferente; mas, quando a dor vai embora, o indivíduo relaxa, já que o cérebro entende que o perigo foi resolvido e não há mais nada com o que se preocupar. O impulso se vai, a motivação evapora e volta-se exatamente ao mesmo lugar. Ou, ainda pior, aguarda-se uma nova dor chegar para entrar em movimento e agir diferente de novo. É um círculo vicioso: apagar incêndios, reagir e nunca criar.

A fuga da dor, portanto, é um motivador importante. Mas não é o melhor. Não é este motivador que você quer ter em sua vida para construir o novo e impactar multidões. Se quer viver um salto, precisa ir além.

BUSCA DO POSITIVO

Essa é a motivação mais nobre do pensar diferente – e a mais rara! A ação não se inicia de um lugar de desespero, mas do desejo de mudança. Não começa de um lugar ruim e de dor, mas como motivação para chegar a um lugar melhor. Esse agir está alinhado com propósito, consciência e intenção.

Há, porém, um grande desafio de agir diferente com a motivação do ganho positivo: esse tipo de movimento exige mais energia, tanto no início como nos momentos em que tudo parece estar "bem" ou não tão bem. Ou seja, mais energia para todas as etapas. O que nos leva ao óbvio: o cérebro não gosta disso, prefere economizar energia, está programado para tal, então tentará fazer com que você saia do caminho.

Por esse motivo poucas pessoas se movem em direção ao positivo. Porque é mais difícil, não há pressão interna e não há urgência. É uma mentalidade rara, é claro, mas pode ser desenvolvida. Principalmente agora que você já tem consciência sobre a diferença dos motivadores e qual precisa buscar.

Ambientes moldam comportamentos: se o seu entorno ancora o seu voo, talvez seja hora de trocar de pista.

Em suma, agir diferente para buscar um resultado específico envolve ação propositiva, pois é como se você estivesse organizando uma intervenção e correndo atrás do que quer, sem agir para fugir da dor e sem fazer um movimento reativo. Trata-se de um movimento ativo, pelo desejo de conquistar o que sempre sonhou e ter ter mais resultados positivos para a liderança. Esperar um estímulo externo para se mexer é ser liderado pela vida. Agir sem estímulo é liderar o caminho e construir o que quer.

Você, como líder, precisa parar de agir apenas quando a dor aperta, quando as situações ficam insustentáveis e já não aguenta mais o que está acontecendo. Precisa parar de aguardar motivos externos para agir diferente. Precisa parar de tomar decisões pelo incômodo, pela cobrança, pela urgência e pelo cutucão. Precisa agir pelo positivo, pelo futuro desejado, pelo novo programa que está instalado em seu cérebro e o faz caminhar para algo inovador.

Uma maneira simples de explicar essa diferença está na fábula do burro. Existem duas maneiras de fazer com que o burro saia do lugar: ou pode amarrar uma cenoura na ponta de uma vara e pendurá-la na frente do animal a fim de que ele se sinta estimulado a caminhar, ou pode cutucar o seu traseiro com a mesma cenoura para provocar dor e fazer com que se mexa. Com a cenoura na vara, ele jamais a alcançará, mas permanecerá com o motivador – e o desejo – para continuar caminhando. Ele quer alcançar o prêmio, é movido pelo positivo.

Muitos empresários e líderes funcionam de maneira bem parecida. Há aqueles que se mexem apenas quando a conta bancária fica negativa e não conseguem mais pagar os fornecedores. Há aqueles que se movem apenas porque brigaram com um liderado e precisarão tomar uma atitude. Há aqueles que só implementam mudanças de processos quando pegam erros inadmissíveis. Há aqueles que só impulsionam o crescimento quando estão à beira do abismo. Vejo muito isso nos meus treinamentos.

A minha constatação é de que 90% das pessoas que se inscrevem nos meus cursos estão tentando fugir da dor, e não correndo atrás de algo extraordinário. No fim do treinamento, em contrapartida, o resultado é sempre o mesmo: "Chega, está na hora de construir a vida extraordinária que sempre quis viver". O motivador se transformou e, por isso, a pessoa passou a agir diferente. Essa vida diferenciada envolve buscar além do comum, sair da zona de sobrevivência e entrar em um lugar de ação que é movido pela busca de um novo resultado.

Não é fácil, eu sei. Também por isso afirmo com tranquilidade: por ser difícil, vemos menos líderes do que liderados. Mais pessoas na plateia do que no palco. Menos pessoas com altos níveis de sucesso do que sucesso mediano ou estagnado. E você precisa escolher de que lado quer seguir, líder ou liderado, telespectador ou palestrante, sucesso ou estagnação. Mas não basta apenas agir, é preciso agir com intenção, tema sobre o qual converso com os meus alunos e costumo perguntar: ao agir, você tem certeza de que está em movimento ou será que está apenas se ocupando?

Essa confusão é mais comum do que parece. Muitos líderes vivem ocupados: agenda cheia, incontáveis reuniões, tarefas urgentes e muito mais. Na prática, contudo, não estão indo a lugar nenhum. Estar ocupado não é sinônimo de estar em movimento. Ação sem intenção não é o mesmo que caminhar para o objetivo.

CRIE UM CINTURÃO DE UTILIDADES

Nunca fui fã de super-heróis que nasceram com superpoderes. Homem-Aranha? Muito legal, foi picado por uma aranha radioativa e ganhou poderes, mas, convenhamos, ninguém sai por aí ganhando poderes por isso. Super-Homem? Muito interessante também, consegue voar e tem visão de raio X, mas é de outro planeta, chamado Krypton. Também é impossível competir com isso.

Agora o Batman, que é também Bruce Wayne, é diferente. Na infância, tinha medo de morcegos por ter caído em uma caverna que ficava abaixo da mansão Wayne, sendo resgatado por seu pai, o que o fez escolher o morcego como símbolo para gerar medo nos vilões de sua cidade, Gotham. Transformou-se no Homem-Morcego, e com zero superpoderes: nada de voar, soltar teia, correr mais rápido ou lançar raios. O seu poder está no seu cinturão de utilidades, sempre lotado de ferramentas e dispositivos que o ajudam a combater o crime. Ou seja, sem poderes sobrenaturais, ele construiu todas as suas habilidades com ações que o ajudavam.

É nisso que eu acredito. O meu superpoder não vem de fora. As ações diferentes que eu construo em minha vida não são externas. Elas vêm de dentro. Em vez de apenas me ocupar, ajo com intenção para o que eu quero. Percebo o que falta em mim para crescer e corro atrás disso, aprendendo e agindo diferente, pois todas as vezes que desenvolvo um novo superpoder, o inevitável acontece: passo por um novo portal. Me supero. Faço algo que nunca tinha feito. Avanço. Justamente por isso fiz curso de paraquedismo, motovelocidade e veleiro. Gosto de ter a sensação de que estou pilotando a minha vida.

Você também precisa pilotar a sua, a partir do seu cinto de utilidades e das ações diferentes que toma a partir do que aprendeu aqui. Para crescer como líder, talvez você precise aprender a gravar vídeos. Vá lá e faça. Talvez precise aprender a escrever um livro, a desenvolver uma nova área, a palestrar, a dar cursos, a contratar pessoas, a criar estratégias para impulsionar o processo de vendas e muito mais. No fundo, esta é a lógica principal do agir diferente: ter ferramentas, desenvolver recursos, superar medos e agir imediatamente para pilotar a própria história.

COMO AGIR DIFERENTE – E MELHOR

Já ouviu a expressão "Feito é melhor que perfeito"? Ela costuma atrair a atenção das pessoas por indicar um caminho mais simples. Contudo, não acredito que o feito é melhor do que o perfeito e espero que você, a partir de agora, entenda o porquê. Feito nunca será melhor do que perfeito porque simplesmente fazer não garante qualidade e resultados. Dedicação, diligência, consistência e excelência, sim. Arrume definitivamente essa frase na sua mente: "O feito é melhor que o não feito".

Sendo assim, para agir diferente, e agora buscando algo muito melhor e com mais intenção, precisa-se de *ritual*, *posicionamento* e *movimento*. Se você quer mudar o nível da sua vida, quer sair da repetição e começar a viver o novo de verdade, em primeiro lugar, lembre-se que toda transformação real está acompanhada desses três elementos.

UM RITUAL NOVO

Você precisará criar novos hábitos e compromissos consigo para agir diferente. Deverá acordar em horários diferentes, ler o que nunca leu, parar de perder tempo com distrações que sempre o atrapalharam e muito mais. Ritual é o que você repete. Se o que vinha repetindo até agora não funciona mais, então precisa mudar os rituais. São eles que vão construir o seu novo eu e os novos resultados.

UM POSICIONAMENTO NOVO

Não é aconselhável continuar se apresentando ao mundo do mesmo jeito que fazia anteriormente. Se busca ser um líder que impacta multidões e quer fazer dessa jornada um processo de mudança, precisará ter um novo posicionamento. O seu tom de voz, o seu olhar, a forma como você se veste, como

A DIFERENÇA ENTRE ESTAR OCUPADO E ESTAR EM MOVIMENTO É SIMPLES: O PRIMEIRO CANSA, O SEGUNDO CONSTRÓI.

LOADING... ATUALIZE SEU PODER DE LIDERANÇA

@juliopereira.oficial

entra em uma sala e como se posiciona em uma reunião são elementos que comunicam uma mensagem. E, quando decide crescer, o seu corpo, a sua fala e até mesmo a sua postura têm que acompanhar esse novo lugar.

UM MOVIMENTO NOVO

Aqui estou falando sobre ação pura. Sair da zona de conforto, frequentar lugares diferentes, falar com pessoas novas, fazer o que nunca fez, assumir desafios dos quais antes corria. Ter um movimento novo é o que dá a prova de que você está indo em direção a algo maior, dado que é simples. Não existe mágica. Se quer atingir novos patamares, passar para novos portais, precisa viver coisas que nunca viveu. Para tanto, precisará ser quem nunca foi, com novos rituais, atitudes e movimentos.

Um dos meus alunos, o William Cury, é empresário do mercado de festas infantis há mais de dezenove anos com a AmoBrincá, especializada em festas infantis de pessoas influentes no mercado. Quando chegou até mim, precisava passar por todo esse processo pelo qual você passou e agir diferente. Depois da mudança, ele se transformou em mentor de empresas de festas infantis, fazendo com que sejam mais desejadas por clientes de alto ticket. Isso tudo, por sua vez, passou por consciência, desbloqueio, pensar diferente, decidir diferente e, por último, agir diferente.

Vale mencionar que o William mudou seus rituais, ajustou seu posicionamento e criou um movimento, que é exatamente o que você deve fazer a partir do seu nicho de liderança. Ele fez isso considerando todas as pontas, pensando nas pessoas que o ajudariam a crescer ainda mais, inclusive o modo como se comportava, o que oferecia e o ambiente em que estava.

A TEORIA DOS ELÁSTICOS – QUEM ESTÁ AO SEU LADO

Existe algo sobre o agir diferente que poucos falam, mas que muda o jogo: não tem a ver só com o que você faz; mas também com quem está ao seu lado, quem puxa você. Quando você escolhe evoluir, agir e crescer, não está fazendo isso isoladamente. Existem pessoas ao seu redor. Pessoas que vivem próximas de você, emocional e fisicamente. E aqui entra o que chamo de teoria dos elásticos. Funciona assim: imagine um elástico que está sendo segurado por duas pontas. Em uma delas, está você. Na outra, estão as pessoas com as quais você se relaciona.

Ao decidir avançar, você está forçando o elástico para o seu lado. Criará uma tensão na outra ponta do elástico, que, por sua vez, poderá avançar com você, na mesma direção; para a direção oposta, criando tensão contrária; ou permanecer no mesmo lugar, gerando um limite invisível para a tensão desse elástico antes de estourar. Caso você avance e a outra ponta do elástico avance para o lado contrário, você será puxado de volta, ficará parado ou fará com que o elástico se rompa. Agora, caso avance e a outra ponta permaneça parada, isso diminuirá a velocidade do seu movimento, podendo até mesmo desalinhar a rota e romper o elástico.

Em um poema que li há algum tempo, havia a seguinte frase: “Mude, mas comece devagar, porque a direção é mais importante que a velocidade”[18]. Direção, velocidade e quem está ao seu lado são importantes para a mudança. As pessoas que caminham conosco representam laços invisíveis e podem nos ajudar a permanecer no mesmo lugar, retroceder ou avançar mais rápido. Justamente por isso a teoria do elástico faz sentido e é um ponto de atenção, sobretudo agora, no agir diferente.

Nem todas as pessoas vão querer avançar com você. Está tudo bem. Se você escolheu crescer, precisa romper com o elástico e parar de tentar puxar as pessoas para que sigam o seu caminho. Não vale a pena segurar a sua velocidade para não perder ninguém. Ou você segue, ainda que sozinho, ou fica, mesmo querendo ir. Na outra ponta do elástico, em geral estão pessoas que podem travar o seu processo, que vão falar que o que está fazendo não funciona, é arriscado ou não é para você.

Quando isso acontecer, mude o foco. Em vez de olhar para o que ficou, olhe para quem está lá na frente e já chegou aonde você gostaria. Admire quem está passos à sua frente, aprenda com quem já trilhou o caminho

---

18 MARQUES, E. Mude. **Tudo é poema**, 27 mar. 2018. Disponível em: www.tudoepoema.com.br/category/edson-marques/. Acesso em: 18 jun. 2025.

A AÇÃO QUE TRANSFORMA NÃO VEM DO SUSTO, MAS DO SENSO DE DIREÇÃO. NÃO É REATIVIDADE, É PILOTAR O PRÓPRIO DESTINO.

LOADING... ATUALIZE SEU PODER DE LIDERANÇA

@juliopereira.oficial

e venceu ao agir diferente. Jamais, repito, jamais utilize quem está parado como padrão de referência. Quem se compara, para. Mas quem admira, mira. Então admire, isso o manterá em movimento.

Por último, lembre-se de que há aqueles que rastejam, que andam, que correm, que decolam e que voam. Se você sente que rasteja, a minha sugestão é ter clareza do destino, das pessoas que estão ao seu lado, para começar a andar, depois correr, decolar e voar. A lógica será sempre avançar degrau a degrau.

Para agir diferente, você não precisa:

- Ser perfeito;
- Estar 100% pronto;
- Ter certeza de tudo o que vai acontecer;
- Apenas acertar ao longo da jornada.

O mundo em que vivemos, a liderança que exercemos e tudo o que fazemos não muda com ideias que não saem do papel. A transformação vem de ideias que são executadas, dando certo ou errado. Por isso, o próximo nível não vem com mais teoria. Vem com ação e execução.

Desbloqueie o próximo nível

1. Liste três ideias que você tem guardadas, aquelas que sempre quis colocar em prática, mas nunca começou. Pode ser um projeto, uma conversa, uma mudança de hábito ou uma decisão adiada. Escolha uma dessas ideias.

2. Agora, responda com total sinceridade:

- O que o está impedindo de colocar essa ideia em prática?
- Qual é o pequeno passo concreto que você pode dar ainda hoje para sair da teoria e entrar em ação?

3. Pense em seu ambiente, nas pessoas que o cercam. Na outra ponta do elástico, essas pessoas estão avançando com você, estagnadas ou puxando-o para trás? O que pode fazer em relação a isso?

4. Comprometa-se. Escolha o primeiro passo para dar em direção à ação que escolheu e comprometa-se contando para alguém depois que tiver agido.

CAPÍTULO 9

NADA FAZ SENTIDO… ATÉ QUE TUDO COMEÇA A MUDAR

Cavar todos os dias sem ver nada... até encontrar o que muda tudo.

Imagine que um homem, perto dos 40 anos, decide comprar um terreno enorme porque descobriu, por meios confiáveis, que há um diamante escondido e enterrado no local. A casa construída dentro do terreno é simples, mas, com as informações que o homem tem, o diamante, se encontrado, poderia mudar não só a sua vida (e a casa), mas a de toda a família e de alguns amigos próximos com quem ele quer dividir a fortuna que conseguirá.

Apesar de saber que o diamante está ali, escondido em algum lugar, ele não sabe exatamente onde ou como encontrá-lo. Mas sabe que essa busca não precisará acontecer pelos meios tradicionais de escavação de minas, com máquinas gigantes de escaneamento do local, explosivos e alta tecnologia. Basta diligência, consistência e força de vontade para cavar. Tudo certo, então, pois ele tem isso de sobra.

Ao chegar ao espaço, encontra tudo abandonado. O terreno está tomado pela natureza, com as árvores e as plantas subindo pela casa e pelos muros. Começa, então, um trabalho de limpeza. Primeiro, limpa a casa para que possa morar; depois, começa a limpeza do terreno. Dia após dia, o homem vai fazendo melhorias, vai limpando e deixando tudo perfeito para que essa nova fase seja mais confortável.

Enquanto isso, também começa o processo de busca pelo diamante. Ele faz buracos na lateral esquerda e oeste do terreno. Busca naquele espaço, cava mais fundo e não encontra nada. Somente nesse processo alguns meses já se passaram. Em seguida, começa a cavar a parte central, em ambas as laterais. Mais alguns meses e nada. Por último, começa a escavar a parte inferior, de ambos os lados, mas também não encontra nada. Volta e repete tudo novamente. Algo está errado. Ele não consegue achar o diamante.

Alguns anos se passam e ele não aguenta mais permanecer escavando sem encontrar nada. A promessa era de que tudo mudaria, mas nada aconteceu, e até então a sensação foi de que ele só teve trabalho sem resultado. Decide, então, desistir. Coloca o terreno à venda até que outro homem, que também havia ficado sabendo da grande notícia do diamante escondido, decide comprá-lo.

Chega, encontra o terreno inteiro esburacado, mas com uma propriedade perfeita e pronta para morar. Faz o mapeamento do que foi feito e, com apenas duas semanas cavando um pouco mais os buracos que já estavam abertos, encontra a pedra preciosa. Ela estava ali o tempo todo.

A maioria desiste centímetros antes do diamante não por falta de força, mas por excesso de dúvida.

Moral da história: muitas vezes passamos anos e anos em um trabalho árduo para uma mudança e, quando estamos mais próximos de atingir o objetivo e chegarmos aonde finalmente gostaríamos, desistimos. Não foi a sorte a responsável pelo sucesso do segundo homem que comprou o terreno, foi a desistência do primeiro quando já estava prestes a conseguir o que queria. Foi falta de persistência. Por quê?

Muitas vezes, quando estamos prestes a desistir, esse é o momento em que estamos mais próximos do objetivo que queremos. O sucesso, depois do trabalho consistente, está perto, porém você não pode abandonar a jornada. Assim, quando achar que não dá mais, que está exaustivo, que fez tudo o que poderia e ainda assim ainda não chegou lá, quero que tente se lembrar dessa história, porque é provavelmente neste ponto que você está: a centímetros do que sempre sonhou.

Quando sentir que chegou ao limite, quando faltar dinheiro, quando o tempo estiver escasso, quando sentir que o conhecimento não é suficiente, quando perceber que os clientes não estão chegando, quando sentir que os liderados não escutam mais, além de todas as outras possíveis sensações de desconforto que vão aparecer, quero que saiba que é nesse ponto que estará muito perto. Você já terá andado e trabalhado muito pelo que sempre quis, gastado muita energia, por isso achará que está longe. Mas está perto.

Neurocientificamente, quando pensamos por qual motivo isso acontece, temos que esse processo de querer desistir é natural para que haja proteção. O seu cérebro quer proteger você, então envia um cansaço descomunal, uma sensação de que não aguenta mais e precisa abandonar a jornada. Aqui entra a motivação, assunto sobre o qual falamos no capítulo anterior, ao lado do fato de que você muito provavelmente está próximo de romper o ciclo, então não poderá permitir que o cérebro tente protegê-lo. A proteção não o levará ao futuro. A armadilha da dúvida é muito maior do que o sinal de avanço, ou seja, essa dúvida que você pode estar sentindo ao chegar às etapas finais do livro deve estar gritando para que você não faça nada do que viu. E o sinal de avanço, por sua vez, é como um sussurro baixinho ao pé do ouvido, quase inaudível. Mas é a ele que você precisa seguir.

Desistir, por outro lado, carrega consequências, e quero que você saiba sobre elas. Desistir é entrar novamente na zona de conforto. É voltar ao seu eu antigo, que não tem mais forças, aquele que pegou o livro na primeira página e começou a leitura. A grande questão é que o seu novo eu, esse que está aqui, ainda não firmou raízes. Ele ainda está em processo de aprendizado, cavando os buracos do terreno sem ter a certeza de que o diamante está ali. Há uma voz – e um alarme – que grita falando que ele está louco e precisa parar o que está fazendo porque é inútil. Mas há também outra voz, que diz bem baixo que o diamante está ali e ele só precisa continuar.

O seu eu antigo, a voz alarmista, não pode vencer jamais, e o motivo é bem simples: é impossível voltar a ele, porque esse processo de mudança, ou seja, tudo o que viu nos últimos capítulos, aconteceu como se você estivesse entre duas montanhas. No início, estava de um lado, com o objetivo de chegar ao outro. Conforme leu e aprendeu o que expliquei, você deu o salto para chegar à outra montanha. Então é como se estivesse suspenso no meio do caminho, prestes a conseguir.

Costumo chamar esse “meio do caminho” de terra de ninguém. Infelizmente, é nesse ponto que muitas pessoas firmam. Mas não há donos nesse espaço, ele é vazio. É o momento de desistência. O que você quer, em contrapartida, é chegar à outra montanha. Confesso, inclusive, que já permaneci na terra de ninguém muitas vezes. Já pulei de uma montanha à outra e parei no meio do caminho. Hoje, depois de tantos treinamentos, de estudar e aprender muito, olho para trás e percebo que desisti, mas que, se tivesse escolhido ser um pouco mais persistente, teria conseguido.

Os momentos de fraqueza, com aquela sensação de que tudo vai dar errado, vão aparecer. Isso é completamente normal. Quando dei a minha primeira palestra, para vinte pessoas, lembro de que parecia uma plateia gigante e impossível. Hoje vejo apenas como um passo da jornada. Ainda mais jovem, quando tinha 14 anos, era professor de computação e fui chamado para dar um curso de MS-DOS, que era um sistema operacional usado em computadores no passado, para engenheiros da Kodak.

Abri a escola no sábado de manhã, fiz café para os participantes, comecei a me preparar para recebê-los e, quando comecei a dar o curso em cima do pequeno palco que ficava na sala, fiquei tão nervoso, que acabei fazendo cocô na calça. Isso mesmo! Foi literal e não pude sair. Tive que permanecer e continuar a aula porque não queria que ninguém percebesse. No intervalo do almoço, como morava perto da escola, voltei para casa correndo, tomei banho, troquei de roupa e voltei para continuar ministrando o curso.

Imagine, então, quão tímido eu era – contei sobre alguns momentos decisivos em que precisei vencer a timidez. Mas o fato é que, quando tudo isso aconteceu, tanto na minha primeira palestra quanto nesse curso, pensei em desistir. Achei que aquele caminho não era para mim e estava me forçando a fazer algo que não tinha a ver com o meu propósito. Mas persisti, assumi a responsabilidade do que precisava fazer e avancei. Dei o pulo que me levaria à próxima montanha sem parar no meio do caminho. Fui com muito medo, mas fui.

Sempre que estiver em um momento de desafio, quero que saiba que é ali que precisa colocar ainda mais energia, mesmo que pareça não ter saída. Dê o passo e coloque o pé adiante mesmo que pareça não ter chão. Esse é o famoso "passo de fé", e você precisa dá-lo. O chão aparecerá. Acredito nisso porque, para mim, sem entrar em linhas espirituais específicas, percebo que é como se Deus estivesse nos observando para ver quem dará esse passo a fim de enviar o resultado que deseja. Mas você pode substituir Deus por universo, uma força maior ou qualquer outro tipo de crença que tenha. O importante é entender o conceito de que só dá certo para aqueles que confiam, fazem e persistem, sem ter certeza do que estará do outro lado. Sem desistir. Mesmo quando a empolgação vai embora, pois é nesse momento que apenas a clareza permanece.

O que poucas pessoas percebem é que, infelizmente, a empolgação de um novo processo em construção dura pouco. O que fica é a clareza de aonde se quer chegar com a consistência que precisa ser aplicada para aquele objetivo. Você, como líder, ao iniciar um novo projeto, abrir uma nova área, pivotar o seu negócio, demitir uma pessoa, contratar uma nova equipe ou qualquer outra tarefa que precise fazer para crescer, precisará ter isso em mente. No início, a empolgação estará ali. Em pouco tempo, irá embora. Sobrará apenas a clareza do objetivo principal. E então precisará aplicar a consistência para chegar aonde quer.

VOCÊ NÃO ESTÁ PERDIDO, ESTÁ EXATAMENTE ONDE QUEM DESISTE COSTUMA PARAR. SÓ QUE VOCÊ, POR ALGUM MOTIVO, VAI CONTINUAR.

LOADING... ATUALIZE SEU PODER DE LIDERANÇA

@juliopereira.oficial

Nem sempre será a motivação que o levará aonde você quer chegar. Será o movimento. Não há como estar motivado o tempo todo, mas estar em movimento é possível. E o que gera movimento? Disciplina, persistência e consistência. Você precisa passar pelo último teste antes do ponto de virada. Precisa também observar os sinais, ou seja, observar o que as pessoas estão falando sobre o que você está fazendo. No meu caso, por exemplo, estava há anos e anos ouvindo que deveria escrever um livro. Os sinais eram as pessoas pedindo por um caminho.

Então eu pergunto: o que as pessoas têm falado para você? O que têm pedido? Quanto disso você está evitando em sua mudança? Quanta ajuda está deixando de aceitar enquanto se afunda para um lugar em que não gostaria de estar?

É comum que, ao tentarmos promover alguma mudança, as pessoas ao nosso redor se ofereçam para ajudar. Curiosamente, também é comum que a nossa resposta seja uma recusa. Essa atitude lembra a história do homem que estava se afogando após o rompimento de uma barragem.

Enquanto a água subia rapidamente, um barco se aproximou e o barqueiro ofereceu ajuda, ao passo que o homem respondeu: "Não, muito obrigado. Deus me salvará". Mais tarde, uma lancha passou pelo mesmo lugar, mas ele recusou novamente com a mesma justificativa. Conseguiu, então, alcançar o topo de uma igreja. Lá de cima, viu um helicóptero se aproximar. Os tripulantes tentaram resgatá-lo, mas ele insistiu: "Não, muito obrigado. Deus me salvará". Mesmo diante de tantas oportunidades de salvação, infelizmente o homem se afogou. Quando chegou ao céu, cobrou Deus pela ajuda: "Deus, por que não me salvou?". E Deus respondeu: "Enviei todos os tipos de ajuda para salvá-lo, e você recusou".

Essa é, muitas vezes, a escolha que fazemos: ignoramos os sinais que nos são enviados e deixamos de ouvir aqueles que estão ao nosso lado, oferecendo justamente o que mais precisamos em determinados momentos. Por isso, esteja atento. Nem sempre a ajuda virá da maneira que esperamos, mas pode estar ali, bem diante de nós – disfarçada em gestos simples, em palavras amigas ou em oportunidades inesperadas. Então, esteja atento a esses sinais.

Por fim, quero compartilhar a história de uma pessoa que atendi há alguns anos. Era uma sexta-feira, e eu estava organizando o salão para realizar um dos meus treinamentos. Enquanto movia os móveis, alinhava as cadeiras e deixava tudo pronto, avistei uma mulher chegando no hall de entrada. Ela se aproximou e disse que queria participar do treinamento. Pediu desconto. Olhei para ela e respondi com firmeza, mas com carinho: "Esse treinamento é justamente para que você aprenda a ganhar mais dinheiro... E nunca mais precise pedir desconto". Ela aceitou. E foi exatamente isso o que aconteceu.

Em uma época na qual ainda utilizávamos esse meio de pagamento, ela fez um pequeno pacote de cheques para parcelar, e participou daquela turma. Ao fim do curso, aplicou o que aprendeu, cavou os buracos em seu terreno para encontrar o diamante e o achou. Deu o salto entre as montanhas sem parar na terra de ninguém. Aceitou ajuda de quem ofereceu e fez da sua carreira algo estrondoso.

Hoje, ela é a Tia do Inglês, Claudia Marcela Miranda, autora do livro *Mente aberta, língua solta*,[19] e uma líder excepcional que impacta multidões. Quando a chamo para o palco, para palestrar, me emociono com a sua história. Ela conta que veio de uma família de suicidas e decidiu viver uma vida maravilhosa. Não diria que isso tudo aconteceu pelo treinamento, mas porque ela colocou em prática o que aprendeu, mudou os programas da sua mente e atingiu os resultados que queria.

O que eu fiz foi tirá-la da fase em que estava. Fiz com que ela passasse por consciência, desbloqueio, pensar diferente, decidir diferente e agir diferente. Assim, ela se transformou na líder que impacta aqueles que permitem (milhares de alunos e centenas de milhares de seguidores nas redes sociais).

Você também tem essa possibilidade. Basta aplicá-la a partir do que aprendeu aqui. Sei que a jornada não é simples – nem deveria ser. Crescimento verdadeiro exige coragem para continuar cavando mesmo quando tudo ao redor parece dizer que já não há mais o que buscar.

Mas agora você já sabe: os maiores tesouros estão próximos justamente após os momentos de maior exaustão. Estão naqueles pontos em que a mente questiona tudo. É exatamente nessa travessia invisível, entre a desistência e o salto, que os líderes de verdade são forjados.

---

19 MIRANDA, M. **Mente aberta, língua solta**: os segredos da aprendizagem acelerada de inglês para adultos. São Paulo: Gente, 2024.

Então saiba: você está mais preparado do que imagina. As ferramentas estão em suas mãos. O caminho não pede perfeição, pede presença. O seu próximo passo não depende de ter todas as respostas, mas de confiar que a clareza virá com a ação. Persista. O diamante está ali. E agora você também sabe onde procurar.

Desbloqueie o próximo nível

1. Liste três projetos ou áreas da sua vida dos quais você sente vontade de desistir. Escreva os motivos e sensações que o levam a pensar em parar.

2. Agora, ao lado do que escreveu, coloque o que já conquistou até aqui em cada uma dessas áreas ou projetos. Inclua aprendizados, habilidades adquiridas, conexões feitas ou resultados, mesmo que pequenos.

3. Em seguida, quero que pense sobre isto e anote: o que pode estar a "poucos centímetros" de acontecer se você continuar? Dê nome ao "diamante" que você está buscando. Qual é o resultado ou transformação que pode estar próximo?

4. Por fim, escreva uma atitude que pode tomar ainda esta semana para se manter em movimento. Não precisa ser grandiosa. Apenas uma prova de que você ainda acredita.

CAPÍTULO 10

TRANSBORDE!

Líderes de impacto não querem só vencer. Eles desejam ensinar os outros a vencerem também.

Por trabalhar com treinamentos e cursos, estou constantemente renovando o ciclo do que faço: buscar novos alunos, explicar o que é oferecido e como funciona, fazer a venda e muito mais. Ao fim do treinamento, não tenho novos alunos para a próxima turma que já tem data, então um novo ciclo se inicia e começo esse processo outra vez. Desde 1998, é isso o que faço. Considero que sou, portanto, um eterno líder que vende, faz acontecer, dá o melhor e busca o próximo portal.

Na vida, o mesmo acontece. A jornada é contínua, você precisa permanecer ajustando o caminho para que possa crescer. Porém, a cada dia, a cada mudança, a cada tomada de consciência, de desbloqueio, de pensar, decidir e agir diferente, você já não será mais a mesma pessoa, pois estará atualizando os programas que estão na sua mente a fim de que esteja em processo constante de melhoria. Tirou o que não funcionava, parou de rodar no automático e atualizou o sistema de quem sempre foi. Ao fim disso, um novo ciclo se inicia, com novos objetivos, uma nova liderança que impacta e segue em frente.

Se você chegou até aqui, quero lembrá-lo de tudo o que já conquistou durante essa caminhada. Ao longo do livro, soltou o que o travava, quebrou camadas antigas e se permitiu pensar diferente. Você finalmente tomou decisões que vinha adiando há anos. E, mais importante: deixou de agir como um sobrevivente para começar a agir como um líder que impacta a própria vida e poderá impactar multidões.

Este capítulo final, portanto, marca uma virada simbólica. Talvez você tenha começado a leitura cheio de dúvidas, mas está saindo com estrutura.

VOCÊ NÃO ESTÁ MAIS BUSCANDO O CAMINHO. AGORA, VOCÊ É O CAMINHO.

LOADING... ATUALIZE SEU PODER DE LIDERANÇA

@juliopereira.oficial

E isso é muito mais valioso do que ter certeza. Porque não se trata de fórmulas mágicas, e sim de clareza, de consciência e de um caminho concreto.

Agora, tudo o que você precisa fazer é aplicar o que aprendeu, bem como passar os desafios e escolhas pelo crivo dos cinco elementos que estruturam a jornada: consciência, desbloqueio, pensar diferente, decidir diferente e agir diferente. São esses os pilares. Você não precisa mais buscar do lado de fora o que já construiu por dentro. Está tudo aí. É só aplicar. Todos os dias. Em qualquer situação. Você já está pronto para isso.

Ser um líder que impacta multidões não diz respeito à intenção; diz respeito à consequência natural de quem vive com propósito. O foco não está no aplauso, mas na direção. Um verdadeiro líder está comprometido com algo maior, com o que chamamos aqui de *vida extraordinária*, que é simplesmente escolher todos os dias fazer algo fora do comum. O que era rotina ontem, hoje já não serve mais. Amanhã será diferente de novo. Esse é o ritmo da transformação.

Em outras palavras, o impacto que você causa nos outros não vem de um esforço direto para ser inspirador. Precisa nascer das escolhas que você faz, do exemplo que constrói ao longo do caminho, do que decide abandonar, do que escolhe construir, das renúncias conscientes e da coragem de trilhar um caminho que poucos topam seguir. O impacto está em *como* você vive, não em *quanto* você tenta impressionar. Quando você foca a vida que quer viver – com propósito, movimento e coerência –, o impacto acontece. Naturalmente.

Além disso, chega um momento em que você não segue mais o mercado. Talvez já esteja exatamente nesse ponto. O verdadeiro líder que impacta multidões não se molda ao que o mercado dita, ele transforma o mercado com a pessoa que se tornou. Qualquer mercado, pois a diferença está em quem você é agora a partir do processo pelo qual passou: ganhando consciência, desbloqueando padrões, pensando diferente, decidindo diferente e agindo diferente. Isso o posiciona em um novo lugar.

O que significa, portanto, que você não está mais nadando no mesmo rio. Agora abriu um novo curso dentro dele. Você não precisa mais apenas seguir tendências, pois elas respondem à sua presença e ao seu caminho. Isso vale para a vida, para os negócios e para a liderança.

Então, agora que está livre, a pergunta que sobra é: para onde você vai? Lembre-se de que essa liberdade não acontece a partir de gritos ou palavras vazias, mas com a *presença*. Um líder de verdade fala menos e transmite mais. Quando entra em uma sala, as pessoas percebem. Não precisa explicar, convencer ou provar. Ele apenas é. Por ser, inspira. O próximo passo não depende do mercado. Depende apenas dele.

Em vez de vibrar na escassez, trabalha com a visão, pois não fica pensando mais sobre os pontos negativos, sobre o que está faltando. Pensa, neste momento, na visão que tem do futuro, nos pontos aos quais quer chegar, no novo que vai construir. Lidera a vida porque lidera também a própria mente.

A sensação é de completude, assim como eu senti na viagem que fiz com a Mirian para Dubai, nos Emirados Árabes Unidos, para comemorar o nosso aniversário de vinte anos de casados. Era uma quarta-feira, 16 de novembro de 2017; acordamos bem cedo e fomos correr na orla do Golfo Pérsico, que é uma extensão do Oceano Índico, e esse foi um dos momentos em que tive certeza de que tudo estava caminhando como eu gostaria, igual ao que desejo para você.

Estávamos correndo na Palmeira Jumeirah, que é uma ilha artificial em formato de palmeira com hotéis de luxo, condomínios residenciais, restaurantes e muito mais, e estávamos hospedados no hotel Atlantis The Palm. Enquanto corríamos, olhei para os lados, pensei em minha vida, em tudo o que havia construído, no meu relacionamento, e tive certeza de que eu havia conseguido me transformar no líder que impacta multidões. Foi um dos momentos mais importantes para mim, pois entrei em um estado de flow poderoso no qual soube com clareza que a minha direção estava correta, e dali para frente era só acelerar. Isso é o que eu desejo para você daqui para a frente.

Quero que saiba que é possível, que agora você tem todas as ferramentas de que precisa e basta apenas colocar em prática. Agora que você já se moveu por dentro, chegou a hora de mover tudo ao seu redor. Essa é a virada.

Você não precisa de mais conhecimento, preparo e desenvolvimento interno. O que precisava ser despertado em você já foi. O que precisava ser destravado você já enfrentou. Agora, não se trata mais de buscar. Trata-se de transbordar.

Afinal, você já está pronto. Não falta mais nada. É hora de deixar que o que se construiu dentro de você comece a transformar o mundo fora de você. Impacte o ambiente, as pessoas e as decisões. Deixe a sua presença tocar realidades. Não espere mais sinais. Você é o sinal.

Sendo assim, caso sinta que tudo isso mudou a sua vida e se alguém veio à sua mente enquanto lia estas páginas, alguém que está cavando um terreno e buscando um diamante, presenteie essa pessoa com este livro. Faça a ponte.

Você já viveu essa transformação por dentro. Agora, compartilhe. Porque o que transforma você pode ser exatamente o que faltava para despertar o outro. Assim multiplicamos o que é bom.

Dito isso, é a sua vez de ser quem sempre quis e construir os resultados que sempre sonhou. Agora é só viver e deixar a sua vida fazer o trabalho.

Você já acessou, sentiu e sonhou o suficiente. Agora é hora de viver a transformação que construiu por dentro. Não há mais nada a esperar, nem permissão a pedir. O que precisava ser acessado, foi. O que precisava ser sentido, doeu. E o que precisava ser sonhado, agora pulsa como visão. Transborde com verdade, mova com presença e avance. O mundo precisa da sua nova versão.

A CE LE RE!

TRANSBORDAR É A PROVA DE QUE O PROCESSO FUNCIONOU, PORQUE QUEM VIVEU POR DENTRO AGORA MUDA TUDO POR FORA.

LOADING... ATUALIZE SEU PODER DE LIDERANÇA

@juliopereira.oficial

ATUALIZAÇÃO CONCLUÍDA
COM SUCESSO

IR PARA O PRÓXIMO NÍVEL

Este livro foi impresso pela Edições Loyola em
papel pólen bold 70 g/m² em agosto de 2025.